탈출기와 거울 보기

탈출기와 거울 보기

김영선 지음

성서와함께

머리말

책을 쓰는 일이 저에게는 생명을 낳는 일처럼 여겨집니다. 어머니 태중에서 아기의 뼈와 근육, 혈관과 신경조직이 형성되고 자라나 마침내 하나의 생명체로 탄생하는 과정처럼 책을 쓰는 일도, 무엇을 쓸 것인지, 그것을 어떻게 풀어 나갈 것인지, 어떤 말을 선택하고, 무엇을 취하고 무엇을 버릴 것인지를 거듭해서 숙고하고 품는 과정을 요구합니다. 이 책은 시작부터 어머니가 생명을 잉태하는 것과 닮아 있습니다. 생명이 잉태되는 첫 순간을 결정하는 것은 어머니가 아닙니다. 어머니가 생명을 선택하는 것이 아니라 생명이 어머니를 찾아온 다고 말하는 것이 더 옳을 듯합니다.

 이 책은 지금은 종간한 월간 〈성서와함께〉에서 비롯되었습니다. 편집부에서 저에게 '탈출기와 함께하는 피정'이라는 주제로 글을 써 달라는 청탁을 했고, 저는 2016년과 2017년 두 해 동안 '탈출기와 거울 보기'라는 꼭지 제목으로 원고를 썼습니다. 저는 그것으로 제 할 일을 다했다고 생각하였는데 편집부에서 다시 그 글을 단행본으로 내보자고 제안을 해 왔습니다. 이처럼 이 책은 제가 시작한 것이 아니라 저를 찾아왔습니다. 제가 한 일은 그것을 품고 또 품는 일이었습니다. 그 결과로 처음 성서와함께 편집부에서 요청한 대로 탈출기와 함께 피정을 할 수 있는 피정 안내서, 또는 묵상 안내서가 세상에 나왔습니다.

 이 책은 개인으로 8일 피정을 하거나 매달 하루 피정을 할 때 활용하실 수 있습니다. 탈출기를 처음부터 끝까지 24회로 나누어 묵상할 수 있도록 편집하였기 때문에, 이 책으로 8일 개인 피정을 할 때에는 순서에 따라 매일 3회씩 묵상하시면 피정 기간 안에 탈출기 전체를 묵상할 수 있습니다. 하루 피정에 활용할 분들은 매달 2회씩 묵상하면 일 년 안에 탈출기

묵상을 마칠 수 있습니다. 물론 다른 방법으로도 얼마든지 활용하실 수 있습니다. 탈출기를 함께 공부하는 그룹에서 한 회씩 공부하고 나눌 수도 있습니다. 탈출기를 천천히 통독할 때 이 책을 함께 보시면 묵상하는 데 도움이 되리라 생각합니다.

  책을 쓰는 일을 어머니가 생명을 잉태하는 일에 빗대어 말씀드리기는 했지만, 어머니만큼의 정성과 간절함으로 이 책과 많은 시간을 보내지는 못했습니다. 조금 더 잘 쓰고 싶은 욕심이 여전히 제 마음 한구석에 남아 있지만 약속된 기한이 다 되어 아쉬움 가득한 채로 이 책을 제 손에서 떠나보냅니다. 부족한 책을 넘겨드리는 것 같아 죄송하지만, 이 책이 독자들의 손에서 닳고 닳아 독자의 마음에 생명과 빛을 더해 줄 수 있기를 간절히 기원합니다. 이 책이 나올 수 있도록 도움을 주신 모든 분에게, 특히 성서와함께 출판사와 편집부에 큰 감사를 드립니다.

차례

머리말 5

시작하는 말 10

1. 하느님의 강복 29

2. 생명을 낳고 키우고 살리는 사랑 35

3. 실패와 침묵과 기다림의 긴 시간 44

4. "거룩한 땅이니 신을 벗어라!" 53

5. 모세를 통해 드러난 하느님의 구원 계획 61

6. "주님, 죄송합니다" 68

7. 파라오와 주님의 강한 손 77

8. 반복되는 실패 앞에 선 모세 89

9. 열 번째 재앙과 파스카 축제 96

10. 신앙의 위기 앞에서 105

11. "주님의 업적을 잊지 마라" 114

12. 광야에서 만난 하느님 120

13. 마싸와 므리바의 물 130

14. 주님은 나의 깃발(야훼 니씨) 139

15. 이트로의 충고, "짐을 나누어 져라!" 145

16. 이스라엘의 새 이름 152

17. 계약 체결을 위한 준비 159

18. 옛 계약의 표시와 새 계약의 표시 170

19. 계약 법전에 담긴 사랑의 지혜 185

20. 진실한 예배와 진실한 관계 194

21. 계약 체결 203

22. 성막의 지성소와 우리 마음의 지성소 212

23. 금송아지와 계약 위반 225

24. 모세의 빛나는 얼굴 235

마치는 말 247

시작하는 말

잃어버린 낙원을 되찾는 여정과 약속의 땅을 향해 나아가는 여정의 닮은 꼴

하느님께서 태초에 창조하신 세상은 질서와 조화로 충만한 세상이었습니다. 첫 번째 창조 이야기의 저자는 이런 세상을 '하느님께서 보시니 모든 것이 참 좋은'(창세 1,31) 곳이었다고 표현하고, 둘째 창조 이야기의 저자는 그곳을 '에덴에 있는 낙원'(창세 2,8)이라고 불렀습니다. 이 낙원에는 보기에 탐스럽고 먹기에 좋은 온갖 나무가 자라고, 생명 나무와 선과 악을 알게 하는 나무가 있었으며, 그곳에서부터 사방을 적시는 강들이 흘러나왔습니다(창세 2,9-10 참조). 한마디로 그곳은 생명력이 충만한 곳이었습니다. 하느님께서는 이토록 생명이 넘치는 환경을 인간에게 주셨습니다. 하지만 태초에 저지른 불순종으로 인하여 인간은 그 낙원을 잃게 되었습니다. 그때 이후로 이 동산에 이르는 길은 막혀 버리고 말았습니다. 이제 생명 나무에 이르는 길은 커룹들과 번쩍이는 불 칼이 지키고 있어 인간에게는 건널 수 없는 강이 되어 버렸습니다(창세 3,24 참조).

그런데 성경의 마지막 책인 요한 묵시록에 의하면, 이렇게 시원始原 역사에 닫혀 버린 낙원에 이르는 문은 온 인류에게 다시 열리게 될 것입니다. 하느님께서 새롭게 열어 주실 "새 하늘과 새 땅"(묵시 21,1)에서는 생명수의 강이 흐르고, 이 강 이쪽저쪽에는 열두 번 열매를 맺는 생명 나무가 자랍니다(묵시 22,1-2 참조). 이 생명 나무는 다달이 열매를 맺고, 그 나뭇잎은 민족들을 치료하는 데에 쓰일 것입니다. 다시 말해서 생명 나무에 이르는 길이 활짝 열려서 태초에 인간이 누렸던 그 질서와 조화가 충만한 세상을 누구나 누리게 될 것입니다. 성경은 이렇게 구원에 이르는 지도를 우리에게 보여 줍니다. 창세기에서 요한 묵시록에 이르는 성경 전체 내용은 인류가 나아가야 할 삶의 방향을 제시하는 지도입니다. 이 지도는 분명하고 또렷하게 말합니다. 우리의 인생은 잃었던 낙원을 되찾는 여정이며, 우리는 지금 그 길 위에 있고 그곳을 향하여 나아가고 있다고.

이런 의미에서 우리의 여정은, 이집트 종살이에서 벗어나 하느님께서 약속하신 젖과 꿀이 흐르는 땅을 향해 나아가는 이스라엘 백성의 여정과 사뭇 닮아 있습니다. 고된 노역과 억압, 착취로 인하여 괴롭기만 한 종살이였지만 익숙했던 그곳을 박차고 떠나는 일이 이스라엘 백성에게도 결코 쉽지 않았습니다. 하느님의 놀라우신 구원 업적을 체험하며 어렵사리 떠난 그 길도 거칠기만 한 광야의 메마름과 계속되는 불안정으로 인하여 고단하고 지난하게만 느껴졌습니다. 왜 길을 떠났는지, 어디로 향해 가는지 목적과 목표를 잃고 헤매던 때도 많았습니다. 하지만 그들은 그 모든 굴곡진 여정에서 한결같은 사랑으로 인내하며 이스라엘 백성과 동반해 주신 하느님의 사랑과 현존을 그 어느 때보다 진하게 체험하였습니다. 이런 모든 여정이 기록된 책이 바로 탈출기입니다. 곧 탈출기에는 우리보다 먼저 길을 떠났던 이들의 삶의 이야기가 담겨 있습니다. 바로 이 때문에 탈출기는 요한 묵시록이 열어 주는 비전, 곧 새 하늘과 새 땅을 향해 나아가는 여정 중에 있는 우리에게 이 길을 어떻게 가야 하는지, 또 이 여정을 지속하는 데 필요한 것은 무엇인지에 대해 많은 지혜를 건네줍니다.

쉼터에서 말씀의 거울에 내면을 비추어 보기

이 책은 탈출기에 소개된 여정을 따라 걷도록 여러분을 초대할 것입니다. 이 여정에서 서두름은 금물입니다. 서두르다 보면 많은 귀한 것을 놓칠 수 있기 때문입니다. 우리는 이 여정에서 만나는 모든 것에 천천히 눈길을 던지며, 우리가 만나는 사건과 사람, 자연이 던지는 말에 귀를 기울일 것입니다. 이 책에서는, 종살이하던 이집트를 떠나 광야를 거쳐 시나이 산에 이르는 탈출기 여정 중, 스물네 곳에 쉼터를 마련해 두었습니다. 이 쉼터는 우리의 어깨를 짓누르는 인생의 짐을 잠시 내려놓고 지친 육신과 영혼이 새 힘을 얻도록 허락하는 시간과 공간입니다. 그곳에서의 쉼은 지나온 여정을 돌아보고, 앞으로 가야 할 여정의 방향과 목적을 마음에 새기는 여유를 줄 것입니다. 여러분의 내적 성찰을 돕기 위하여 이 쉼터에

커다란 거울 하나를 놓아두겠습니다. 여러분이 그 거울에 자신의 모습을 비추어 보면 내면을 살펴보는 데 도움을 받을 것입니다.

제가 거울이라는 이미지를 탈출기와 결합하게 된 데는 나름의 이유가 있습니다. 성녀 클라라는 프라하의 성녀 아녜스에게 써 보낸 편지에서 이렇게 권고하였습니다. "예수 그리스도의 정배여, 왕후이신 자매여, 이 거울을 매일 들여다보십시오. 그리고 거기에 비친 당신의 얼굴을 보고 안팎으로 단장하고 여러 색깔의 꽃으로 치장하여 지극히 높으신 임금님의 딸과 정결한 정배에게 있어야 하는 온갖 덕행의 옷을 입도록 하십시오." 성녀 클라라가 말하는 거울은 예수 그리스도이십니다. 성녀는 프라하의 성녀 아녜스에게, 그리고 우리에게, 매일 거울을 보고 단장하듯이 예수 그리스도라는 거울에 자신을 비추어 보고 덕행으로 단장하라고 권고합니다. 클라라 성녀의 바로 이 말씀에서 영감을 받아 저는 〈성서와함께〉에 연재한 꼭지의 이름을 '탈출기와 거울 보기'로 정했습니다.

성녀 클라라가 말한 거울이 예수 그리스도이시라면, 제가 쉼터 스물네 곳에 세워 놓을 커다란 거울은 탈출기 말씀입니다. 스물네 번 만나게 될 탈출기라는 거울 앞에서 자신의 모습을 비추어 보며 몸과 마음을 단장하는 시간을 갖도록 여러분을 초대합니다. 이 거울 앞에서 여러분은 때로는 흐트러진 옷매무새를 고치고, 때로는 마음을 가다듬어 자신을 더 아름답게 만들기도 할 것입니다. 가끔은 자신의 삶에 반사된 하느님의 현존과 발자취를 발견하고, 그분께 찬미와 감사를 드리기도 할 것입니다. 탈출기의 거울 앞에 머무는 이 시간이 새 하늘과 새 땅, 충만한 생명의 땅을 향해 나아가는 여러분의 여정에 힘과 용기와 지혜를 줄 수 있기를 간절히 바랍니다.

여정 준비하기

이제 우리가 함께 걷게 될 여정에 저는 '탈출기와 함께 걷는 인생 여정'이라는 제목을 붙이고 싶습니다. 어떤 여정이든지 떠나기 전에 챙겨야 할 준비물이 있습니다. 우리의 여정에는 많은 준비가 필요하지 않습니다. 우리는 이미 길든 짧든 인생 여정을 걸어왔기 때문에 이 여정을 떠나기 위한 준비가 잘 갖추어진 상태입니다. 이 여정을 훌륭히 마치는 데 도움이 되는 준비물이 있다면, 그것은 누구에게도 방해받지 않을 고요한 공간과 침묵이 흐르는 시간입니다. 긴 시간이 아니라 한 시간

정도면 충분합니다. 할 수 있다면 묵상을 기록할 공책도 하나 마련하십시오. 그 공책에 여정 중에 일어난 일과 탈출기의 거울에 비친 자신의 모습을 기록해 보십시오. 그 공책에는 나를 서서히 완성해 가는 훌륭한 조각가이신 하느님 현존의 자취가 천천히 드러날 것이며, 이스라엘 백성과 많이 닮은 고집 세고 완고한 내 모습도 드러날 것입니다. 이 여정을 끝낼 때쯤이면 우리에게 그 공책이 또 하나의 훌륭한 거울로 남지 않을까 싶습니다. 인생 여정의 쉼터에서 가끔씩 들춰 보고 싶은 거울, 내 변화와 성장의 자취들을 마주하게 하는 그런 거울말입니다.

탈출기 훑어보기

출발하기 전에 먼저 이 여정을 간략히 설명하는 것이 좋은 준비가 되리라 생각합니다. 탈출기는 오경의 둘째 책입니다. 오경의 첫 번째 책인 창세기가 이스라엘 성조들 개인의 신앙 여정을 전해 주는 책이라면, 탈출기는 이스라엘이 한 민족으로서 걸어갔던 신앙 여정을 소개하는 책입니다. 이 신앙 여정은 탈출기에서 완성되는 것이 아니라 이어지는 책들을 통하여 계속됩니다.

    탈출기에서 신명기에 이르는 네 권의 책은 모세라는 인물과 밀접한 연관을 지닙니다. 탈출기의 시작이 모세의 탄생에 대한 이야기라면 신명기의 끝은 모세의 죽음에 대한 이야기입니다. 따라서 탈출기에서 레위기, 민수기, 그리고 신명기에 이르는 네 권의 책은 모세와 함께 이스라엘 백성이 걸었던 신앙의 여정을 전해 주는 책이라 할 수 있습니다. 왜 성경의 저자들은 이 시기를 네 권의 책에 나눠 다룰 만큼 중요하게 여겼을까요? 그것은 바로 이 시기에 이스라엘 백성이 자신들의 역사에서 가장 중요한 기초가 되는 근본 체험을 하였기 때문입니다. 하느님의 이름이 계시되고, 공동체적인 구원 체험이 이루어졌으며, 시나이 계약과 법전의 선포, 성막의 건립과 희생 제사의 제정 등 이스라엘 민족의 근간이 되는 일들이 형태를 갖추게 된 것이 이 시기였습니다.

    이 중요한 시기를 여는 첫 번째 책인 탈출기의 히브리어 제목은 '셔모트'로 '이름들'이라는 뜻을 지닙니다. 이런 제목이 붙은 이유는 탈출기의 첫머리에 이집트로 내려간 야곱의 후손들 이름이 나오기 때문입니다. 그런데 그리스어로 옮긴 칠십인역 성경에서는 탈출기의 제목을 '엑소더스'라고 붙였습니다. 이 말의 뜻은 '출발', '나감', '떠남' 등으로 해석할 수 있습니다. 가톨릭 공용《성경》에서는 이 칠십인역의 제목을 반영하여 '탈출기'라는 제목을 붙였습니다.

  탈출기의 신앙 여정은 이집트에서 시작됩니다. 이스라엘 백성이 이집트 종살이에서 해방되어 젖과 꿀이 흐르는 약속의 땅인 가나안에 이르기까지, 그 긴 여정의 초반부가 탈출기에서 소개됩니다. 그러므로 탈출기의 주된 공간적인 배경은 이집트와 광야, 그리고 시나이산입니다. 이스라엘 백성은 시나이산에서 계약을 맺은 후에 약 일 년 정도 시나이산 아래에서 체류합니다. 오경의 세 번째 책인 레위기의 공간적 배경은 이 시나이산 아래 세워진 성막 성전입니다. 이스라엘 백성이 시나이산을 떠나 다시 광야로 들어서는 두 번째 광야 여정은 민수기에 소개됩니다. 탈출기에 소개된 첫 번째 광야 여정을 걷는 데 약 두 달이 걸렸다면, 시나이산을 떠나 모압 평원에 이르는 두 번째 광야 여정에는 38년이 넘는 시간이 소요될 것입니다. 오경의 마지막 책인 신명기는 이스라엘 백성이 모압 벌판에 도착하였을 때, 모세가 지난 시간을 회고하며 백성에게 들려준 말씀 전체를 담고 있습니다. 그러므로 우리가 탈출기와 함께 떠나게 될 여정은 이집트 땅을 거쳐 시나이반도에 들어서기까지와 그곳에서 광야를 거쳐 시나이산에 이르기까지의 여정입니다. 우리는 이 여정을 이스라엘 백성과 함께 걷게 될 것입니다.

아래 지도를 통해 이스라엘의 여정을 한눈에 볼 수 있습니다.

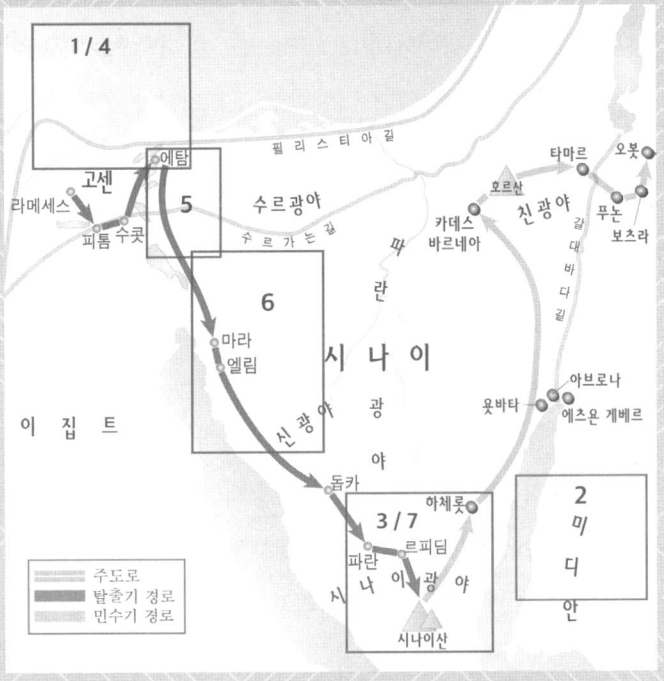

이스라엘의 광야 여정 《성서사십주간 성경지도》 지도 31

앞의 지도에서 볼 수 있는 것처럼 우리의 여정은 이집트에서 미디안으로 갔다가 호렙산(시나이산)으로, 그곳에서 다시 미디안으로 갔다가 이집트로 되돌아온 후 마침내 이집트를 떠나 바다를 건너고, 광야를 거쳐 시나이산에 이를 것입니다. 그러므로 이 여정의 종착지는 시나이산 기슭입니다.

탈출기 내용은 흔히 장소에 따라 세 부분으로, 곧 이집트에서(1,1-13,16), 광야에서(13,17-18,27), 마지막으로 시나이산에서(19,1-40,38) 있었던 이야기로 구분됩니다. 그러나 여기서는 우리의 여정이 좀 더 잘 드러날 수 있도록 다음과 같이 세분하여 살펴보겠습니다.

1. 이집트에서 미디안으로(1,1-2,25)

창세기의 마지막은 야곱 일족이 기근 때문에 이집트에 정착한 이야기를 전해 줍니다. 탈출기는 시작과 함께 이집트에 정착한 야곱의 후손이 일흔 명이라고 소개하며, 그들이 자식을 많이 낳고 번성하여 하나의 민족으로 성장하였다는 이야기를 들려줍니다. 요셉을 모르는 파라오가 등장하면서 이스라엘 백성의 삶은 고난에 처하게 됩니다. 이런 상황에서 탄생한 모세는 성인이 된 후, 이집트인 작업 감독을 살해한 혐의 때문에 이집트를 떠나 미디안 땅으로 피신하여 그곳에서 혼인하고 정착합니다. 우리는 이 과정을 세 차례의 여정으로 나누어 따라갈 것입니다.

- 첫 번째 여정(1,1-14): 이집트 땅에서 더 번성하게 된 이스라엘과 파라오의 억압
- 두 번째 여정(1,15-2,10): 생명을 살리는 선택을 한 히브리인 두 산파, 모세의 어머니와 누이, 파라오의 딸
- 세 번째 여정(2,11-25): 모세의 성년기와 미디안으로의 도주

2. 미디안에서 호렙산으로(3,1-4,17)

모세는 양 떼를 몰고 호렙산으로 갔다가 그곳에서 하느님의 부르심을 듣고 이스라엘 백성을 이집트에서 구해 내어 약속의 땅으로 데려가라는 소명을 받습니다. 다섯 번의 이의 제기 끝에 그는 마침내 사명을 수락합니다. 우리는 세 차례의 여정을 통하여 모세의 여정에 동참하게 됩니다.

- 네 번째 여정(3,1-6): 하느님의 신현神顯을 목격한 모세
- 다섯 번째 여정(3,7-22): 하느님께서 모세에게 사명을 주시다
- 여섯 번째 여정(4,1-17): 모세가 하느님의 사명을 받아들이다

3. 미디안에서 이집트로(4,18-7,7)

모세는 가족과 함께 이집트로 돌아가 이스라엘 자손의 원로들에게 하느님께서 자신에게 하신 말씀을 들려줍니다. 그런 후에 파라오를 찾아가 "내 백성을 내보내어 그들이 광야에서 나를 위하여 축제를 지내게 하여라" 하신 하느님의 말씀을 전합니다. 그러나 파라오는 이를 수용하지 않고 오히려 이스라엘 백성의 삶을 더욱 고달프게 만듭니다. 그러므로 모세의 사명은 위기에 처하게 됩니다. 이에 하느님께서는 당신이 파라오를 강한 손으로 다루실 것이며, 결국 파라오는 이스라엘 백성을 내보내게 될 것이라고 말씀하십니다. 6,2-7,7은 사제계 전승에 따른 모세의 소명 이야기입니다. 우리는 이 부분을 여섯 번째 여정과 일곱 번째 여정에서 간략하게 언급할 것입니다.

4. 이집트에서(7,8-13,16)

열 가지 재앙사화가 소개되며, 마침내 파라오는 하느님께 굴복하여 이스라엘 백성이 이집트를 떠나도록 허락합니다. 우리는 세 차례의 여정을 통해 이 과정에 함께할 것입니다.

- 일곱 번째 여정(5,1-12,36): 파라오와 하느님
- 여덟 번째 여정(4,27-12,42): 반복된 실패 앞에 선 모세
- 아홉 번째 여정(12,21-13,16): 열 번째 재앙과 파스카 축제

5. 이집트에서 광야로(13,17-15,21)

이집트를 떠난 이스라엘 백성은 에탐에서 되돌아가 바알 츠폰을 마주한 바닷가에 진을 칩니다. 그때 다시 마음을 바꾼 파라오의 추격을 받고 큰 위기에 직면하였지만, 하느님의 큰 기적으로 마른 땅을 걸어서 바다를 건넙니다. 그들은 이 기쁨을 노래하였습니다. 우리는 두 차례의 여정을 통하여 이스라엘 백성이 걸어간 그 길을 함께 걸을 것입니다.

- 열 번째 여정(13,17-14,31): 바다의 기적
- 열한 번째 여정(15,1-21): 주님의 업적을 잊지 마라

6. 광야에서(15,22-18,27)

수르 광야로 들어선 이스라엘은 마라의 쓴 물이 하느님의 도움으로 단 물이 되는 기적을, 신 광야에서 만나와 메추라기 기적을, 르피딤, 곧 마싸와 므리바에서는 바위에서 물이 쏟아져 나오는 기적과 아말렉족의 침입에서 구원되는 기적을

체험합니다. 이스라엘 백성은 광야의 거친 환경에서 그들의 필요를 채워 주시는 하느님을 만납니다. 광야의 마지막 사건은 모세의 장인인 이트로의 방문입니다. 우리는 이 여정을 네 번으로 나누어 따라갈 것입니다.

- 열두 번째 여정(15,22-16,36): 마라의 쓴 물, 엘림의 오아시스, 신 광야의 만나와 메추라기 기적
- 열세 번째 여정(17,1-7): 마싸와 므리바
- 열네 번째 여정(17,8-16): 아말렉족의 침입
- 열다섯 번째 여정(18,1-27): 이트로의 방문

7. 시나이 계약(19,1-24,11)

이스라엘 백성이 시나이산 기슭에 도착하였을 때 하느님께서는 계약을 제안하셨고, 백성이 이에 동의하자 계약 체결을 위한 준비가 이루어집니다. 이어서 계약의 조건인 십계명과 계약 법전이 선포되고, 계약의 비준이 이루어집니다. 우리는 여섯 번의 여정을 통하여 이 과정에 함께할 것입니다.

- 열여섯 번째 여정(19,1-8): 계약 제안과 동의
- 열일곱 번째 여정(19,9-20,11): 계약 체결을 위한 준비와 십계명의

첫 세 계명

- 열여덟 번째 여정(20,12-17): 십계명의 나머지 일곱 계명
- 열아홉 번째 여정(20,22-22,19): 계약 법전 1
- 스무 번째 여정(22,20-23,19): 계약 법전 2
- 스물한 번째 여정(23,20-24,18; 31,18): 계약 체결

8. 시나이산에서(25,1-31,18)

모세는 산에 올라 하느님에게서 성막의 모형과 성막에서 사용될 기물들의 모형에 대한 설명을 듣고 증언판을 받아서 내려옵니다. 성막과 성막 기물의 제작에 대해 보도하는 35-39장은 25-31장 말씀을 반복하기 때문에 따로 다루지 않겠습니다. 스물두 번째 여정에서 이 과정에 함께할 것입니다.

- 스물두 번째 여정(25,1-31,18; 35,1-39,43): 성막과 성막 기물 설명

9. 금송아지 사건과 그 해결(32,1-34,35)

모세가 증언판을 받아 산에서 내려왔을 때 이스라엘 백성은 금송아지를 숭배하였고, 이에 분노한 모세가 증언판을 깨뜨린 후 상황을 수습하기 위하여 노력합니다. 이스라엘의 계약 위반으로 파기될 위험에 처한 계약은 모세의 중재기도를 통

하여 갱신되고, 모세는 새 증언판을 받아 산에서 내려옵니다. 우리는 마지막 두 여정에서 이 과정을 함께합니다.

- 스물세 번째 여정(32,1-29): 금송아지 사건
- 스물네 번째 여정(32,30-34,35; 40,1-38): 계약 회복과 성막 봉헌

탈출기를 어떤 시각에서 읽을 것인가?

탈출기를 주의 깊게 읽어 보면 한 저자가 단번에 집필한 책이 아님을 알 수 있습니다. 서로 다른 전승들이 섞여 있으며, 때로는 연결이 자연스럽지 않은 부분들도 발견됩니다. 예를 들면 모세의 소명사화도 탈출기에 두 군데 등장합니다. 비사제계 전승 소명사화가 먼저 나오고(3,1-4,17), 사제계 전승 소명사화가 뒤에 나옵니다(6,2-7,7). 사제계 전승은 소명사화에 모세와 아론의 족보(6,14-27)를 삽입하였습니다. 만약 양식 비평이나 문헌 비평의 방법론에 따라 탈출기를 읽는다면 본문들에 나타난 균열에 주의를 집중하게 될 것입니다. 그 균열이 서로 다른 원천이나 양식의 존재를 알려 주는 표지이기 때문입니다. 그러나 우리는 본문에 나타나는 부조화나 균열에 집중하기보다는 이 책 전체가 전달하고자 하는 신학적 메시

지에 초점을 두기 위하여 탈출기를 단일한 작품으로 읽고자 합니다. 만약 역사적 비평 방법을 적용하여 읽을 필요가 있는 본문이거나 이와 관련된 보충 설명이 필요하다면 각주에서 언급하도록 하겠습니다.

탈출기를 읽을 때 제기되는 또 하나의 중요한 질문이 이집트 탈출 사건의 역사성 문제입니다. 과연 이스라엘의 이집트 탈출 사건이 성경이 제시하는 그만큼의 규모로 실제 일어났는가 하는 문제는 수많은 학자가 줄곧 다루어 온 질문입니다. 현재, 고고학 연구에 근거하여 탈출기 보도의 역사성에 대해 의문을 제기하는 학자가 많습니다. 그런데 우리는 이 책에서 이집트 탈출 사건의 역사성 문제를 다루지 않을 것입니다. 그 문제에 관심이 없어서가 아니라 그 사건을 부정할 수 있을 만큼의 강력한 역사적 증거도, 그것을 입증할 수 있을 만큼의 물질적 증거도 발견되지 않은 현실 때문입니다. 입증할 수 없는 문제를 다루는 대신에, 성경의 저자가 그 사건을 진술하는 방식에 초점을 두려고 합니다. '그 이야기를 왜 이런 방식으로 전달하고 있는가?' '이렇게 이야기하여 저자가 전하고자 하는 신학적인 메시지는 무엇인가?'에 좀 더 귀를 기울이고자 합니다.

1

하느님의 강복

자, 이제 허리에 띠를 매고 여정을 떠나겠습니다. 이 여정 중에 우리는 공간뿐만 아니라 시간을 넘나들게 될 것입니다. 먼저 고대 이집트로 먼 여행을 떠날 것입니다. 어느 정도 고대로 올라가는가 하면, 모세가 이스라엘 백성을 이끌고 이집트를 떠난 시점을 기원전 1250년경으로 보면 무려 삼천 년 이상을 거스르는 여행입니다. 그런데 막상 그곳에 이르러 보면, 외형적으로는 큰 차이가 나지만 사람들의 삶에서는 그다지 큰 차이가 없음을, 그들과 우리가 서로 무척 닮아 있다는 사실을 곧 발견하게 될 것입니다.

우리는 첫 번째 여정을 1,1-14 말씀과 함께할 것입니다. 1장 전체는 1-7절, 8-14절, 15-21절 이렇게 세 부분으로 나누어 살펴볼 수 있습니다.[1] 이 세 부분을 한꺼번에 살펴보기에는 여정이 너무 길어질 수 있으므로 먼저 1,1-14까지 살펴보고, 두 번째 여정에서 1,15-21을 살펴보겠습니다.

첫째 부분인 1,1-7은 요셉이 이집트에서 재상으로 활약하던 시절에 기근을 피하여 이집트로 내려간 야곱의 후손 일흔 명이 이집트 땅에서 번성하게 되었다는 이야기입니다. 이 단락은 하느님께서 아브라함과 이사악, 야곱에게 하셨던 후손에 대한 약속이 성취되었음을 보여 줍니다. 일흔 명밖에 되지 않았던 이스라엘 백성의 수효가 계속 늘어나 "그 땅이 이스라엘 자손들로 가득 찼다"(1,7)고 성경은 말합니다. 이스라엘 자손들이 그 땅에서 자식들을 많이 낳고 크게 번성하였기 때문입니다(창세 47,27; 탈출 1,7). 이 두 구절에 사용된 '자식을 많이 낳다'와 '번성하다'라는 뜻의 히브리어 단어는 하느님께서 태초의 인간들에게 복을 내리실 때 처음 사용되었습니다(창세

---

[1] 탈출 1,22은 2장 내용과 연결되는 부분이므로 2장을 설명할 때 함께 다루겠습니다.

1,28). 이 복은 홍수가 끝난 후 노아와 그의 자식들에게 다시 한번 더 주어졌습니다(창세 9,1.7). 하느님께서 아브라함과 이사악, 야곱에게 강복하실 때에도 같은 동사들이 쓰였습니다(창세 16,10; 17,2; 28,3; 35,11; 48,4). 이처럼 하느님께서는 이스라엘의 성조들에게 주셨던 약속을 잊지 않으시고 지속적으로 그 후손들에게 복을 베풀어 주셨습니다. 보잘것없던 그들이 하느님의 은혜로 큰 민족으로 성장할 수 있었습니다.

두 번째 단락인 1,8-14은 이스라엘 백성의 삶에 급격한 변화가 일어났음을 전해 줍니다. 변화는 요셉의 공로를 알지 못하는 파라오가 이집트에 군림하면서 일어나기 시작했습니다. 새 임금은 이집트인들보다 이스라엘 백성의 수가 더 많고 강하다는 사실에 두려움을 느끼고 그들을 억압하기 시작합니다. 파라오가 두려워하는 것은 두 가지입니다. 첫째는 이스라엘 백성이 더욱 번성해서 혹시라도 전쟁이 일어났을 때 원수들 편에 서게 될 것을 두려워합니다. 둘째는 이스라엘 백성이 이집트를 떠나게 될 것을 두려워합니다(1,9-10). 그래서 파라오는 이스라엘 백성을 억압하기 위한 정책을 펼칩니다. 먼저 강제 노동으로 그들을 억압하고자 피톰과 라메세스라는 양곡 저장 성읍을 짓는 일에 이스라엘 백성을 동원합니다(1,11). 그런데 이스라엘 백성은 억압을 받을수록 더욱 번성하고 널리 퍼져 나갑니다. 그래서 이집트인들은 더욱더 이스라엘 자손들을 두려워하게 되었다고 합니다. 첫 번째 억압정책이 실패하자 파라오는 이스라엘 백성을 더욱 혹독하게 다루고자 진흙을 이겨 벽돌을 만드는 일을 시키고, 온갖 들일을 하게 하여 그들의 삶을 쓰디쓰게 만듭니다(1,14).

이로써 하느님의 약속이 성취되었음을 전하는 첫째 단락(1,1-7)과 둘째 단락(1,8-14)은 뚜렷한 대조를 이룹니다. 행복한 결말로 끝날 것 같았던 이스라엘 백성의 삶은 그야말로 크게 반전되어 쓰디쓴 것이 되고 말았습니다.

이스라엘 백성처럼 우리 또한 삶에서 급격한 변화를 겪을 수 있습니다. 행복한 일상에 날벼락처럼 날아든 불행은 한 사람의 삶을 송두리째 조각낼 수 있습니다. 이런 경험을 하신 적이 있습니까? 그때 어떻게 어려움을 이겨 낼 수 있었습니까? 무엇이 도움이 되었습니까? 이 단락에서 하느님은 전혀 언급되지 않습니다. 숨어 계신 듯합니다. 아무 일도 하지 않고 계신 듯합니다. 과연 그럴까요? 성경은 이스라엘 백성이 "억압을 받을수록 더욱 번성하고 더욱 널리 퍼져 나갔다"(1,12)고 합니다. 심한 억압을 받으면서도 건강한 정신을 유지하고, 가정을 지키며 더욱 번성할 수 있었던 힘은 어디에서 나온 것일까요? 하느님께서 그들과 함께 계셨다는 표지는 어디에서 발견할 수 있을까요? 우리가 불행을 경험하였을 때 하느님께서 우리와 함께 계셨다는 표지는 어디에 있을까요?

이제 잠깐 여정을 멈추고 첫 번째 쉼터에서 1,1-14 말씀의 거울에 우리 자신을 비추어 보겠습니다. 이 거울은 일종의 양면 거울입니다. 이 두개의 면을 지닌 거울 앞에서 얼마만큼 시간을 보낼 것인지, 그중 어떤 거울 앞에 설 것인지는 여러분이 마음 가는 대로 선택하시면 됩니다.

첫 번째 거울은 1,1-7의 말씀입니다. 이 말씀에 따르면 이집트 땅에 정착한 이스라엘 백성은 자식을 많이 낳고 크게 번성하여 그 땅을 가득 채우게 되었습니다. 이 말씀의 거울에 우리 자신의 삶을 비추어 본다면, 우리 삶에서도 하느님의 성실하고 중단 없는 강복의 흔적을 발견할 수 있을 것입니다. 하느님께서 우리 각자와 가정의 삶에, 우리 교회 공동체의 역사에, 그리고 우리나라와 온 인류의 역사를 통하여 베푸셨고 지금도 나누어 주시는 복을 발견할 수 있습니까?

두 번째 거울은 1,8-14의 말씀입니다. 이스라엘 백성의 삶은 급격한 변화를 겪었습니다. 복이 충만하였던 그들의 삶이 이제는 고난과 억압의 삶으로 바뀌었습니다. 하지만 하느님은 변함없이 그들과 함께 계시면서 필요한 보호와 복을 베풀어 주셨습니다. 이 말씀의 거울에 비추어 우리 삶을 돌아봅시다. 우리의 인생 여정에도 감당하기 힘든 갑작스런 변화가 일어날 수 있습니다. 만약 그런 경험이 있다면 그때의 경험을 돌아봅시다. 단지 그 사건을 기억하는 것만으로도 고통스러울 수 있지만, 용기를 내어 그 불행에서 벗어나게 된 과정을 돌이켜 봅시다. 불행 가운데 우리를 지탱해 주었던 힘은 무엇이었습니까? 어두웠던 시절에서 하느님의 현존과 도우심의 손길을 발견할 수 있습니까? 그때 하느님께서는 무엇을 통하여, 어떻게 여러분과 함께 계셨습니까?

2

생명을 낳고 키우고 살리는 사랑

우리 여정의 둘째 단계와 함께할 말씀은 1,15-2,10입니다. 이 말씀의 배경 또한 이집트입니다. 14장에 이르러서야 우리는 이집트 땅을 완전히 떠날 것입니다. 그때까지는 느린 걸음으로 천천히 이 길을 걸어갑니다. 구석구석 눈길을 주고, 지나쳤던 장면들에 좀 더 주의를 기울여 보겠습니다.

먼저, 지난 여정에서 미처 살펴보지 못했던 1장의 세 번째 단락인 15-21절에 머물러 보겠습니다. 이 대목은 강력한 힘을 지닌 이집트의 파라오와, 그 파라오에게 히브리 여자들이 낳은 아들을 죽여 버리라는 지시를 받은 히브리인 산파들의 이야기입니다. 성경 저자는 절대 권력을 지닌 파라오와, 파라오의 명령을 수용할 수밖에 없는 무력한 두 여인을 의도적으로 대조시킵니다. 이는 과연 참된 힘이 어디에 있는지를 말하기 위한 수사학적 장치라고 할 수 있습니다.

파라오의 세 번째 억압정책은 이스라엘의 인구 증가를 저지하기 위한 것입니다. 그는 히브리인 산파들을 불러 히브리 여인들의 해산을 도울 때 아들이 태어나면 모두 죽여 버리라고 명령합니다. 산파들이 파라오의 명령을 거부할 수 있는 길은 없어 보입니다. 그런데도 그들은 길을 찾아냅니다. 산파들은 "하느님을 경외하는 마음에서"(1,17) 파라오의 명령을 거부하고 아기들을 살려 줍니다. 파라오보다 하느님을 더 두려워하였기 때문에 파라오의 명령을 따르는 대신 하느님께서 원하시는 바를 행하였습니다. 그들의 신앙과 그 신앙에서 나온 용기는 아무리 감탄해도 다할 수 없을 정도로 대단합니다. 파라오가 산파들을 소환하여 따져 물었을 때도 그들은 지혜로 충만한 대답을 합니다. "히브리 여자들은 이집트 여자들과 달리 기운이 좋아, 산파가 가기도 전에 아기를 낳아 버립니다"(1,19). 이 두 산파는 하느님의 돌보심을 받아 파라오의 처벌도 피하고 집안에 하느님의 복까지 받았습니다. 그들이 현명하게 처신한 덕분에 이스라엘 백성도 계속해서 번성하고 강해졌습니다. 히브리인 산파 시프라와 푸아는 하느님을 두려워한다는 것이 구체적으로 무엇을 의미하는지를 우리에게 가르쳐 줍니다. 하느님을 경외하는 삶은 '하느님이 아닌 것을 두려워하지 않는' 삶입니다.

탈출기 1장의 마지막 절인 22절은 이스라엘을 억압하려는 파라오의 네 번째 정책을 소개합니다. 히브리 산파들을 통하여 이스라엘의 아기들을 죽이려는 계획이 실패하자 파라오는 더욱 잔인한 명령을 내립니다. 앞으로 태어나는 이스라엘 백성의 아들들을 모두 강에 던져 버리라는 명령입니다. 모세의 탄생과 성장 배경을 알려 주는 2,1-10은 파라오의 이런 강력한 억압정책을 배경으로 한 이야기입니다. 모세는 태어나자마자 죽을 운명에 처한 아기였습니다. 그런데 강력한 파라오의 거역할 수 없는 명령으로 죽을 수밖에 없는 한 아기의 목숨을 약한 여성들이 구하였습니다. 2,1-10의 주인공은 모두 여성입니다. 아기인 모세를 제외하고는 어떤 남성도 등장하지 않습니다.

탈출기의 저자는 왜 이런 식으로 이야기를 전개할까요? 이스라엘 백성이 절체절명의 위기에 처한 듯 보이는 이러한 순간에, 하느님은 파라오의 억압에서 이스라엘을 구원하기 위하여 무엇을 하고 계실까요? 억압의 원인인 파라오를 제거하실까요? 아니면 억압을 받고 있는 약한 자의 힘을 돋우어 주고 계실까요? 성경 저자는 후자의 방법으로 현존하시는 하느님의 모습을 그리려는 듯합니다. 하느님에 대한 이러한 묘사를 통해 탈출기 저자가 우리에게 전하고자 하는 메시지는 분명합니다. 하느님께서 특정한 상황에서 언제, 어떻게 응답하실 것인지는 우리가 결정할 수 없습니다. 그것은 전적으로 하느님의 자유에 달려 있고, 하느님께서 일하시는 방법은 여전히 우리에게 신비로 남아 있습니다. 다만 우리가 분명하게 믿을 수 있는 것은, 하느님은 고통 중에 울부짖는 자들의 소리를 외면하지 않으신다는 사실입니다.

2,1-10에서 하느님께서는, 무력해 보이지만 생명을 사랑하고 살리는 강한 모성을 지닌 여성들을 통하여 이스라엘을 구원하시려는 원대한 계획을 실행에 옮기십니다. 모세의 어머니와 누이, 파라오의 딸과 그의 시녀들, 이 모든 여성이 모세라는 한 아기가 생존할 수 있도록 최선을 다합니다. 아직은 연약한 아기로 모세의 운명이 감추어져 있지만, 하느님께서는 이미 이 아이를 통하여 이스라엘을 구원하실 계획을 품으

셨고 이 여인들을 통하여 그 계획을 실현해 가실 것입니다.

사내 아기가 태어나자 3개월 동안 아기를 숨겨 기른 모세의 어머니는 더 이상 아기를 숨길 수 없게 되자 아기를 강에 내다 버립니다. 그러나 그 어머니는 아기가 살 수 있는 모든 가능성을 찾아 실행에 옮깁니다. 아기를 담을 바구니에 역청을 발라 물이 스며들지 못하게 만들고, 바구니가 떠내려가지 않도록 갈대숲이 우거진 곳을 눈여겨보아 두었으며, 강가로 목욕하러 내려오는 파라오 딸의 눈에 잘 띌 수 있는 장소를 찾아냈습니다.[2] 아기의 누이는 멀찍이서 이를 지켜봅니다.

---

[2] 모세의 유년 시절 이야기는 사르곤 임금의 전설과 흡사한 점이 있습니다. 사르곤은 기원전 2350년경, 그러니까 모세보다 거의 천 년이 앞선 시기에 아카드 왕국을 창건한 임금이었습니다. 이 왕국은 기원전 2200년까지 존속했습니다. 기원전 7세기에 기록된 서사시에 따르면 사르곤은 여사제인 어머니에게서 태어났는데, 아버지는 누구인지 알려지지 않았습니다. 그 당시 여사제는 임신과 출산이 금지되었기 때문에 그 어머니는 사르곤이 태어나자마자 바구니에 담아 강에 떠내려 보냈습니다. 그 아기를 강에서 주워 기른 이가 이슈타르 여신의 정원을 돌보는 정원사였습니다. 그 아기는 자라서 키슈 왕국의 헌작 시종이 되었다가 훗날 이 왕국을 패망시키고 아카드 왕국을 창건하였습니다. 이 사르곤의 전설이 성경 저자가 모세의 유년기를 묘사하는 데 얼마나 영향을 미쳤을지 알 길은 없습니다. 다만 성경 저자는 모세의 유년 이야기를 통하여 이스라엘을 파

파라오의 딸은 울고 있는 아기를 발견하자 그 아기가 히브리인의 아기임을 알면서도 아버지의 명령을 어기는 것에 대한 두려움보다는 아기에 대한 동정심에 더 크게 사로잡힙니다. 아기의 누이 미리암은 때를 놓치지 않고 나타나 히브리인 유모를 불러오겠노라고 자처합니다. 그리하여 모세는 자기 어머니의 품에서 젖을 뗄 때까지 자란 후 파라오의 딸에게 입양됩니다. 이 아이가 자라서 이스라엘을 이집트 종살이에서 해방시킬 것입니다.

모세의 생존이 가능했던 것은 생명을 죽이는 일보다는 살리는 일을 선택했던 용기 있는 여성들 덕분이었습니다. 이 여인들은 자신들의 노력이 아무런 결실 없이 끝날 수도 있다는 것을 알았지만 그럼에도 최선을 다하여 할 수 있는 일을 하였습니다. 그들은 파라오가 하는 일이 잘못되었다고 주장할 수 있을 만큼의 힘은 지니지 못했지만 생명에 대한 사랑만큼은 커서 파라오의 옳지 않은 명령을 지혜롭게 거역할 수 있었습니다. 설령 생명을 지키는 그 일이 자신들의 목숨을 담보로

라오의 억압에서 구원하시려는 하느님의 섭리가 어떻게 작용하고 있는지를 드러내는 데 초점을 두고 있습니다.

한다 하더라도 그들은 물러서지 않았습니다. 모든 생명은 하느님에게서 옵니다. 그러므로 생명을 살리는 모든 일은 하느님의 일입니다. '모든 목숨이 주님의 것'이고, 주님은 '누구의 죽음도 기뻐하지 않으시기' 때문입니다(에제 18,4.32 참조).

우리는 아직 여정의 둘째 단계에 있지만, 여러분 가운데 어떤 분은 탈출기의 여정이 우리의 인생 여정과 닮아 있음을 이미 발견하셨을 것입니다. 이제 잠깐 멈추어 서서 탈출기의 말씀에 우리 자신을 비추어 보는 시간을 갖겠습니다.

첫 번째 거울은 1,15-21의 말씀입니다. 이 거울에는 강력한 힘을 가진 파라오의 모습도 있고, 그에 비하면 무력하기 짝이 없는 히브리 산파 두 명의 모습도 있습니다. 그런데 그 산파들은 파라오보다 하느님을 경외할 줄 아는 용감한 여인들이었습니다. 이 말씀의 거울에 나 자신을 비추어 본다면 내가 지금 무엇을 두려워하고 있는지가 드러납니다. 만약 하느님이 아닌 무언가를 두려워하고 있다면, 하느님을 제대로 두려워할 수 있는 은혜를 청합시다. 하느님이 아닌 것 때문에 하느님을 포기하는 일이 없도록 지혜와 용기도 청합시다. 이 거울을 바라보면서 히브리인 산파들처럼 행동할 수 있었던, 용감하고 지혜로웠던 삶의 한 순간을 떠올리는 분도 있을 것입니다. 그렇다면 그런 순간에 함께해 주셨던 하느님을 기억하고 그분과의 추억을 되새겨 보는 것도 좋습니다.

둘째 거울은 2,1-10의 말씀입니다. 여기에는 모세의 누이와 어머니, 파라오의 딸이 등장합니다. 이들은 자신의 존재나 노력이 세상을 바꿀 수 있다고 생각하지도 않았고, 세상을 바꾸려고 하지도 않았습니다. 그러나 그들은 생명을 살리기 위하여 비록 미약하더라도 자신의 전부를 내놓았습니다. 그들 덕분에 모세를 통하여 펼쳐질 이스라엘의 구세사는 이어질 수 있었습니다. 그럼 2,1-10에 등장하는 여인들의 거울에 비추어 우리 자신의 삶을 돌아봅시다. 깨어 있는 동안 우리가 분주히 행하는 온갖 행위와 말은 주변 사람들의 생명을 살리는 것일까요? 아니면 다른 이들의 기를 꺾고 그들의 삶을 힘겹게 하는 것일까요? 이 질문에 좀 더 쉽게 답하려면 어떤 말과 행동이 나의 기운을 돋우고 힘이 나게 하는지를 살펴보면 됩니다. 여러분은 어떤 말을 들을 때, 또 상대방의 어떤 행위가 여러분의 생명을 키워 준다고 생각합니까? 반대로 어떤 말과 행위가 생명을 손상시킨다고 생각합니까? 이 질문에 각각 대답해 보고, 그 답에 비추어 우리가 습관적으로 사용하는 말과 행위를 살펴봅시다. 우리의 말과 행위도, 2장에 등장하는 여인들의 말과 행동처럼 생명을 살리는 것이 될 수 있도록 은총을 청합시다.

3

실패와 침묵과 기다림의 긴 시간

생명을 사랑하는 여인들의 긴밀한 협력을 통하여 살아남은 아기 모세는 파라오의 궁정에서 자라나 성인이 되었습니다. 2,11-25은 모세의 성년기를 다루는 본문입니다. 이 본문은 다시 세 단락으로 나눌 수 있는데, 첫째 단락인 2,11-15은 이집트인들의 폭력에 시달리는 히브리인들의 현실 앞에서 모세가 보인 반응을 소개합니다. 그는 강제 노동을 하는 자기 동포의 모습과 그들을 다루는 이집트인 작업 감독의 횡포를 목격합니다. 모세는 그 이집트인 작업 감독을 때려죽이고 모래 속에 묻어 버립니다. 다음 날에는 히브리 사람 둘이 싸우는 것을 목격하고 그것을 중재하려다 자신의 살인 행위가 드러난 것을 알고 두려워합니다. 이 일이 파라오에게 알려져 죽을 위험에 처하자 모세는 미디안 땅으로 피신합니다.

이 짧은 단락은 모세가 성년이 되어 자신이 누구인지를 깨달았고, 자기 동족을 위해 무엇인가 해야만 한다는 의무감을 인식하였음을 드러냅니다. 그러나 모세는 히브리인들을 억압하는 폭력에 폭력으로 대처하려 하였고, 그것은 결국 실패로 돌아갔습니다. 모세는 폭력 앞에 대처하는 다른 방법을 알지 못했을 것입니다. 모세의 이야기는 폭력을 폭력으로 응징하는 것의 한계가 무엇인지를 잘 보여 줍니다. 폭력은 폭력을 낳습니다. 이 악순환의 고리를 끊는 것은 무엇일까요? 폭력을 응징하는 올바른 방법은 과연 무엇일까요? 모세는 긴 세월에 걸쳐서 그것을 배워야만 했습니다. 사도행전 7,23에 따르면 미디안으로 도망갈 때 모세의 나이는 40세였습니다.

2,16-22은 미디안 땅으로 도주한 모세의 삶을 소개합니다. 미디안 땅에 도착한 모세는 어떤 우물가에 앉아 있다가 양 떼에게 물을 먹이려고 그곳에 왔던 미디안 사제 르우엘의 일곱 딸을 만납니다. 다른 목자들이 이들을 방해하자 모세가 나서서 이 여인들이 양 떼에게 물을 먹일 수 있도록 도와주었

습니다. 평상시보다 일찍 집으로 돌아온 딸들에게 모세가 베푼 도움에 대해 들은 아버지 르우엘은 모세를 자신의 집으로 초대하였습니다. 그렇게 하여 모세는 르우엘의 집으로 가게 됩니다. 그곳에서 모세는 르우엘의 딸 치포라와 결혼하여 자식을 낳고 정착합니다.

이 모든 일이 이루어지는 과정에서 하느님은 단 한 번도 언급되지 않습니다. 마치 모세의 삶에 무관심하신 듯이 그분의 존재는 철저하게 가려져 있습니다. 그러나 모세가 무사하고 안전하게 미디안 땅에 정착할 수 있도록 하느님은 모든 것을 안배하셨습니다. 모세는 이집트에서 미디안으로 도주하는 동안 어떤 목숨의 위협도 받지 않고 그 긴 여정을 무사히 마칠 수 있었고, 미디안이라는 낯선 땅에서 친절한 사람들을 만나 도움을 받을 수 있었습니다.

우리 인생의 많은 부분도 이와 같지 않을까 싶습니다. 하느님께서 뚜렷한 모습으로 나타나셔서 눈에 확연히 드러나는 선물이나 도움을 주시는 순간은 거의 없었을 것입니다. 하지만 내가 오늘 여기까지 오는 동안 하느님은 수많은 도움과 배려를 베푸셨습니다. 인생에서 부딪쳤던 숱한 위기의 순간에 만약 하느님께서 우리를 도와주시지 않았다면 우리는 어떻게 되었을까요? 위기인 줄도 모르고 지나오면서 그저 '다행이었다'는 말로 돌린 수많은 일이 사실은 하느님의 도움과 보호, 보살핌이었음을 알게 된다면, 우리는 얼마나 큰 감사를 그분께 드려야 할까요? 오늘 여기에서 숨을 쉬고 호흡할 수 있다는 사실 그 자체가 하느님의 도우심이 없이는 불가능하다는 것을 안다면, 우리 삶은 하느님에 대한 감사로 가득 차야 하지 않겠습니까? 하루를 정리하면서 하느님께서 베풀어 주신 모든 은혜에 진심으로 감사드릴 수 있는 우리가 되었으면 좋겠습니다.

　2장의 마지막 단락(2,23-25)은 모세가 미디안에 정착하여 안정된 삶을 사는 동안 이집트에서 고통받고 있는 이스라엘 백성의 상황을 소개합니다. 이스라엘 백성을 억압하던 파라오가 죽었어도 그들의 고통과 고역은 끝나지 않았습니다. 이스라엘 백성은 고통으로 탄식하며 하느님께 부르짖었고, 하느님께서는 그들의 신음 소리와 도움을 청하는 소리를 들으셨습니다. 그들의 상황을 보시고, 그들의 처지를 아셨습니다. 아브라함과 이사악과 야곱과 맺으신 계약을 기억하신 하느님께서 그들을 구하기 위해 무엇인가를 하실 것임이 분명합니다. 그러나 하느님의 응답이 오기까지는 '오랜 세월이 지나야 했습니다'(2,23). 7,7에 의하면 모세가 하느님의 부르심을 받고 미디안 땅을 떠난 때가 80세이므로, 거의 40년 동안 모세는 미디안 땅에 머문 셈이 됩니다. 이 40년 동안 모세가 무엇을 생각하며, 어떻게 살았는지 성경은 침묵합니다. 성경이 침묵하는 40년은 이집트에서 고생하는 이스라엘 사람들에게 어떤 의미였을까요? 하느님의 철저한 부재를 의미할까요? 아무것도 이루어지지 않는 시기일까요? 그렇다면 허무하고 무의미한 시간일 것입니다.

그러나 우리가 곧 알게 되겠지만 이 40년은 하느님의 부재 기간도, 침묵 기간도 아니었습니다. 그 시간은 하느님의 구원 계획이 무르익는 기간이며 구체적인 형태로 드러나기 위해 꼴을 갖추는 시간이었습니다. 이 40년은 폭력을 폭력으로 응징하는 방법밖에 몰랐던 모세에게 다른 길을 보여 주는 시간, 인간의 길이 아닌 하느님의 길을 배우게 하는 시간이었고, 모세가 하느님의 도구로 파라오 앞에 나설 수 있도록 그의 내적인 힘을 키워 주는 시간이었을 것입니다. 하느님을 굳건히 믿는 이들은 아무것도 이루어지지 않는 것처럼 보이는 시간을 희망으로 견딜 줄 압니다.

셋째 여정은 실패와 침묵, 기다림으로 점철된 시간, 하느님마저 계시지 않는 듯 보이는 긴 어둠으로 가득 차 있습니다. 하지만 이 여정의 곳곳에서 주님 구원의 빛이 때로는 강렬하게, 때로는 흐릿하게 비치고 있음을 발견할 수 있습니다. 구원 역사의 긴 여정을 걸어가고 있는 우리는 셋째 쉼터에서 잠시 인생의 짐을 내려놓고 숨을 고르는 시간을 가져 보겠습니다. 이곳에 마련된 거울은 2,11-25입니다. 앞서 이 말씀을 세 단락으로 나누어 살펴보았으므로, 이곳에서는 세 개의 면으로 된 거울에 우리 모습을 비추어 보겠습니다. 그러나 앞에서 말씀드렸듯이, 세 개의 면에 다 비추어 보아도 좋고 어느 한 거울에 더 오래 머무셔도 좋습니다. 이 여정이 마음 가는 대로 떠나는 여정임을 기억하시기 바랍니다.

첫째 거울은 2,11-15의 말씀입니다. 이 거울에는 폭력을 폭력으로 응징하려는 모세의 모습이 비칩니다. 물론 모세는 자신의 동족을 위한 정의감에 불타올랐으며, 적어도 선의를 위해 폭력을 행사하였습니다. 하지만 우리는 본문을 통하여 모세가 실패했다는 사실을 알고 있습니다. 이 거울 앞에서 우리 자신의 삶을 돌아봅시다. 우리도 혹시 모세처럼 정의감 때문에 폭력을 행사한 적이 있습니까? 여기에서 말하는 폭력에는 물리적인 힘의 행사뿐만 아니라 언어적인 폭력이나 수동적인 공격, 곧 상대방에 대한 무시나 적대감을 드러내는 것, 대화를 피하는 것 등도 포함됩니다. 만약 이런 식으로 폭력을 행사한 적이 있다면 그 결과는 어떠하였는지 돌아봅시다. 그 폭력이 관계를 개선하는 데 어떤 도움을 주었습니까? 왜 폭력으로는 폭력의 고리를 끊을 수 없을까요? 폭력의 고리를 끊을 수 있는 가장 좋은 방법이 무엇일지 생각하여 봅시다.

둘째 거울은 2,16-22의 말씀입니다. 우리는 이 거울에서 미디안 땅으로 도주한 모세를 만납니다. 실패와 불신 가운데 미래에 대한 어떤 계획도 없이 미디안 땅으로 떠나야만 했던 모세는 그곳에서 40년 세월을 보내야 했습니다. 그리고 그 40년 동안 하느님께서는 모든 것을 잃고 새로 시작해야만 하는 그에게 드러나지 않게 현존하시며, 그의 길을 열어 주셨습니다. 이 거울 앞에 선 여러분은 지금 어디에 있습니까? 모세가 보냈던 불안정한 40년의 초엽에 있습니까? 아니면 한가운데 혹은 끝, 어디쯤에 서 있습니까? 어떤 분은 이미 그 40년을 지나오셨을 것입니다. 나이 마흔에서 여든이 될 때까지 낯

선 땅 미디안에서 자기 인생의 1/3을 보낸 모세와 대화를 나누어 보십시오. 모세는 어떤 마음으로 이 시간을 견디어 냈으며, 그가 이 시간을 버틸 수 있도록 힘을 주었던 것은 무엇이었는지 물어보고, 모세가 직접 여러분에게 들려주는 말에 귀 기울여 보시기 바랍니다.

셋째 거울은 2,23-25의 말씀입니다. 이 거울에는 이집트 땅에서 여전히 고역에 짓눌려 탄식하는 이스라엘 백성의 모습과 그들의 고통을 아시고 그들의 조상들과 맺은 계약을 기억하시는 하느님의 모습이 비칩니다. 비록 모세는 잊고 있을지 몰라도 하느님께서는 이스라엘 백성을 잊지 않고 계십니다. 그들의 신음 소리를 듣고 계신 하느님께서 분명히 무엇인가를 하실 것입니다. 그러나 아직은 모든 것이 어둠 속에 가려져 있습니다. 감각적으로 보이는 것만을 보는 이에게는 하느님께서 아무것도 하지 않고 계신 것처럼 보일 수 있습니다. 그러나 하느님께서는 이스라엘의 구원을 위하여 무엇인가를 하고 계셨습니다. 지금도 우리를 위하여 끊임없이 무엇인가를 하고 계십니다. 그래서 예수님도 "내 아버지께서 여태 일하고 계시니 나도 일하는 것이다"(요한 5,17) 하고 말씀하셨습니다. 우리의 인생 여정 어딘가에서 우리 역시 하느님이 계시지 않은 것처럼 느낀 적이 있을 것입니다. 그때가 언제였습니까? 그때를 지나온 지금 다시 그 시간을 돌아볼 때, 과연 하느님은 계시지 않았습니까? 그곳에서 하느님을 발견할 수 있습니까? 그때 하느님은 어떤 모습으로 나와 함께 계셨습니까? 하느님이 계시지 않는 것처럼 보였던 시간을 통하여 배우게 된 것은 무엇입니까?

4

"거룩한 땅이니 신을 벗어라!"

　서정주 시인은 국화를 "인제는 돌아와 거울 앞에 선 내 누님" 같다고 표현합니다. 시인이 말하는 '거울 앞에 선 누님'이란 아마도 인생의 원숙한 단계에 이른 상태에 대한 은유일 것입니다. 이 은유가 가능한 것은 거울 앞에 서는 것과 원숙함이 밀접하게 연관되어 있기 때문입니다. 탈출기라는 거울 앞에 서려는 우리의 노력은 하느님처럼 완전한 존재, 원숙한 존재가 되라는 초대에 응하려는 지난한 몸짓이라 할 수 있습니다.
　이제 여정의 넷째 단계에 와 있습니다. 우리의 여정에 동반하게 될 말씀은 탈출기 3장입니다. 3장은 모세가 미디안 땅에서 오랜 세월을 보낸 후 다시 이집트 땅으로 돌아가게 된 계기를 설명하는 3,1에서 4,17에 이르는 긴 단락에 속해 있습니다. 학자들은 이 긴 단락을 '모세의 소명사화'라고 부릅니다.[3] 모세가 어떻게 하느님의 부르심을 듣게 되었으며, 그 부르심의 내용은 무엇인지, 그리고 모세는 이 부르심에 어떻게 응답하였는지를 들려주는 이야기입니다. 이 긴 소명사화의 첫 부분인 3장은 세 단락으로, 곧 3,1-6; 3,7-12; 3,13-21로 나눌 수 있습니다. 우리는 이 가운데 첫 번째 단락만을 여정의 넷째 단계에서 살펴볼 것입니다. 나머지 두 단락은 다음 여정을 위해 남겨 두겠습니다.

3,1-6은 모세가 하느님의 '신현'(theophany)을 목격한 장면

---

[3]_ 3,1-4,17에 소개된 모세의 소명사화와 달리, 사제계 전승에서 나온 모세의 소명사화(6,2-7,7)는 성조들의 전승과 이집트 탈출 전승의 연관성을 강조하고, 아론의 역할을 좀 더 부각합니다. 그리고 하느님 이름의 계시 사건과 이집트 탈출 전승의 연관성도 한층 분명하게 나타냅니다. 반면에 3,1-4,17의 소명사화가 갖는 극적 요소들은 훨씬 더 적게 나타납니다. 한편 '소명사화'라고 부르는 문학양식은 공통적으로 다음과 같은 요소로 구성되어 있습니다. ① 하느님의 자기소개, ② 사명 수여 또는 파견, ③ 파견받는 사람의 이의 제기, ④ 하느님의 도움에 대한 보증, ⑤ 파견을 확인하는 표지. 3,1-4,17은 이런 요소가 모두 포함되어 있는 전형적인 소명사화입니다.

을 이야기합니다. 이는 소명사화의 첫 번째 요소인 '하느님의 자기소개 혹은 자기계시'에 해당합니다. 여기에서 주목해야 하는 것은 하느님의 나타나심, 곧 자기계시가 아주 특별한 순간에 이루어진 것이 아니라 모세의 일상생활 가운데 이루어졌다는 점입니다. 모세는 여느 때처럼 장인의 양 떼를 이끌고 광야로 나갑니다. 이번에는 그가 늘 다니던 곳보다 조금 더 멀리 나아갑니다. 3,1은 모세가 양 떼를 데리고 간 산을 시나이산이 아니라 호렙산이라고 합니다.[4] 호렙은 광야를 의미하므로, 호렙산이란 광야에 있는 불특정한 산을 가리킵니다. 그는 그곳에 있는 한 떨기나무에서 불꽃이 일어나는데 떨기가 전혀 타지 않는 기이한 현상을 목격하고 그 나무에 다가갑

---

[4] 모세가 이트로의 양 떼를 몰고 간 곳은 어디일까요? 만약 그곳이 시나이반도에 있는 시나이산, 곧 오늘날 예벨 무사라고 불리는 곳이라면 모세는 양 떼를 끌고 미디안 땅에서 너무나 먼 거리를 갔다는 이야기가 됩니다. 현실적으로 불가능한 거리라고 볼 수 있습니다. 그래서 학자들은 모세가 이트로의 양 떼를 몰고 간 산, 곧 시나이산의 위치에 대하여 두 가지 입장을 취합니다. 시나이산을 이집트 탈출 전승과 연관시키면, 그 위치는 시나이반도에 있는 것이 적절하고, 미디안과의 연관성을 고려하면 그 산은 아카바만 동쪽에 위치하는 것이 더 적절합니다. 그 산에는 미디안족의 성소가 있었을 것으로 보입니다. 시나이산을 신명기와 신명기계 문헌에서는 '호렙산'으로 부릅니다.

니다. 그곳에서 자신을 부르시는 하느님을 만납니다.

하느님은 모세가 가까이 다가오는 것을 저지하시며, 거룩한 땅이니 신을 벗으라고 명하십니다. 훗날 여호수아도 비슷한 체험을 합니다(여호 5,15 참조). 신발은 땅의 온갖 먼지를 실어 나릅니다. 이 먼지는 하느님의 거룩하심과는 어울릴 수 없는 온갖 부정과 불결함을 상징합니다. 그것을 벗어 놓아야만 하느님 가까이에 설 수 있습니다. 모세를 찾아오신 것처럼 우리 일상의 삶 가운데로 우리를 찾아오시는 하느님을 한층 가깝게 만나려면 우리도 신을 벗어야 합니다. 하느님의 거룩하심과 어울릴 수 없는 내 안의 부정함이 무엇인지를 깊이 인식해야 합니다. 그것을 온전히 다 벗어 버리지 못한다고 하더라도, 적어도 벗어 버리고자 하는 간절한 의지가 필요합니다.

하느님을 만나기 전에 모세 역시 신발을 신고 있었다는 사실에 주목할 필요가 있습니다. 그가 깨끗한 상태이기 때문에 하느님께서 그를 찾아오신 것이 아니었습니다. 그를 찾아오신 하느님은 그에게 신을 벗도록 초대하십니다. 그가 묻혀 온 온갖 부정함을 벗어 버리라고 말씀하십니다. 하느님과 더욱 친밀한 관계를 맺기 위하여, 그분 가까이 머물기 위하여, 우리가 벗어 버려야 할 신은 무엇일까요? 우리 안에 하느님 앞에 나설 수 없게 만드는 무엇이 있는지 살펴봅시다. 그리고 그것이 무엇이든 벗어 버릴 수 있는 용기와 믿음을 하느님께 청합시다.

모세를 부르신 하느님은 자신을 "네 아버지의 하느님, 곧 아브라함의 하느님, 이사악의 하느님, 야곱의 하느님"(3,6)이라고 소개하십니다. 하느님은 모세의 선조들과 관계를 맺어 오신 바로 그분입니다. 당신을 이렇게 소개하심으로써 하느님은 모세를 다시 동족들과의 관계 속으로 되돌려 놓으십니다. 모세는 40년 동안 미디안 땅에 살면서 미디안 사제의 사위로 살아왔습니다. 그러나 하느님은 모세를 다시 아브라함과 이사악과 야곱의 후손으로, 당신이 선택하고 강복하셨으며 약속해 주셨던 그 백성의 일원으로 돌려세우십니다. 그리하여 모세로 하여금 그의 본래 정체성이 무엇인지를 인식하게 하십니다. 하느님을 만난 이들에게는 모세가 경험한 것과 같은 일이 일어납니다. 하느님 앞에 서면 우리의 참된 정체성이 드러납니다. 우리가 '가진 것' 또는 '가지지 않은 것'에 의해 규정될 수 없는, 우리의 '참 자아'를 볼 수 있게 됩니다.

자신이 참으로 누구인지 알고 있습니까? 자신을 누구라고 생각하십니까? 만약 우리가 하느님께서 우리를 보시듯이 자신을 바라볼 수 있다면, 우리는 자신을 다르게 볼 수 있을 것입니다. 자신의 참모습을 알아보고 받아들일 수 있게 될 것입니다. 어쩌면 자신을 가장 몰라주는 이, 자신을 가장 소외시키고 무시하는 이는 남이 아니라 자기 자신일지 모릅니다. 하느님 앞에 선 모세처럼, 하느님의 눈에 비친 자신의 모습을 바라보는 모세처럼, 우리도 하느님 앞에 서서, 하느님께서 나를 보시듯 자신을 바라보는 시간을 가질 필요가 있습니다. 하느님의 눈에 비친 내 모습을 좀 더 자주 바라보고, 그 모습에 익숙해져야 할 것입니다. 그것이 '진짜 나'이기 때문입니다.

여정이 진행됨에 따라 우리는 점점 더 깊은 내면으로 들어가라는 초대를 받습니다. 넷째 여정은 우리의 참 자아를 발견하도록 우리를 안내합니다. 쉼터에 서 있는 나무에 등을 기대고 다리를 쭉 펴고 앉아 봅니다. 3,1-6 말씀의 거울에는 우리의 일상 가운데 찾아오셔서 당신 모습을 드러내 보이시는 하느님이 계십니다. 그 하느님은 우리에게 신을 벗으라고 말씀하십니다. 하느님을 대면하기 위하여 지금 내가 벗어야 하는 신은 무엇입니까? 거룩한 땅에 들어서기 위하여 내 안에서 벗어 버려야 할 것들은 무엇입니까?

시인 엘리자베스 브라우닝(Elizabeth B. Browning)은 3,1-6의 말씀을 다음과 같이 간결하게 노래합니다. 이 시의 번역문을 찾지 못해서 저의 졸역을 소개하는 것이 안타까울 따름입니다. 본래 시의 아름다움을 느낄 수 있도록 원문도 함께 싣습니다 (장편서사시 〈Aurora Leigh〉의 부분 발췌).

    땅은 하늘로 꽉 차 있고
    모든 떨기나무는 하느님으로 불타고 있다.
    그러나 오직 볼 수 있는 자만이 신을 벗나니
    나머지는 그 주변에 앉아 산딸기만 딴다.

    Earth's crammed with Heaven,
    and every common bush afire with God.
    But only he who sees, takes off his shoes.
    The rest sit round it and pluck blackberries.

용기를 내어 신을 벗고 맨발로 주님 앞에 선 이에게는 주님께서 당신을 드러내 보여 주십니다. 이 주님 앞에 설 때 비로소 나의 참모습이 드러납니다. 주님 눈에 비친 나의 모습이 드러납니다. 세상의 잣대로 보는 내가 아니라 하느님께서 지어 주신 나의 본래 모습, 곧 '보시니 참 좋은 나'가 드러나기 시작합니다. 무엇인가를 잘 하거나 뛰어나서 아름다운 내가 아니라, 있는 그대로 아름답고 귀한 내 모습이 비로소 보이기 시작합니다. 주님의 거울에 비친 내 모습을 감상하며 감탄하고, 그 거울 앞에서 시간을 보냅니다. 그리고 그 거울에서 본 내 모습을 잊어버리지도 않고, 잃어버리지도 않도록 마음에 새겨 넣습니다.

5

모세를 통해 드러난 하느님의 구원 계획

하느님께서는 자신의 참모습을 알아본 이들을 당신의 사명으로 초대하십니다. 3장의 둘째 단락인 7-12절과 셋째 단락인 13-22절에서 하느님은 모세에게 당신의 사명을 주시고 파견하십니다. 하느님께서 모세에게 주신 사명이 무엇인지, 그리고 모세는 하느님의 이 초대에 어떻게 응답하였는지에 대한 이야기 역시 우리에게 좋은 거울이 됩니다.

하느님께서 모세에게 주신 사명에는 이스라엘을 위한 하느님의 구원 계획이 들어 있습니다. 고통받는 당신의 백성을 구원하시기 위하여 하느님은 연약한 한 인간을 도구로 선택하십니다. 이 사실은 하느님께서 선택하신 도구가 하느님의 뜻을 거절할 수 있는 가능성도, 그 뜻을 이루지 못하고 실패할 가능성도 하느님은 배제하지 않으신다는 것을 의미합니다. 그러나 하느님은 인간인 우리와 함께 일하기를 원하시고, 우리를 통하여 당신의 구원 업적을 이루기를 바라십니다. 과연 모세는 어떤 방법으로, 어떤 자세로 하느님의 구원 계획에 동참하게 되는지를 지켜봅시다.

40년간 동족과 멀리 떨어져 미디안 땅에서 살았던 모세에게 하느님은 이집트 땅에서 들려오는 이스라엘 백성의 신음소리와 고통을 상기시킵니다. 그들의 고난을 익히 알고 계신 하느님은 이제 그들을 고난의 땅에서 구해 내어 젖과 꿀이 흐르는 땅으로 데려가려는 당신의 계획을 모세에게 밝히십니다. 그러면서 모세를 파견하시는데 그 사명은 양면으로 구성되어 있다고 할 수 있습니다. 그 사명의 한 면은 '파라오에게 가는 것'입니다. 하느님은 모세를 파라오에게 파견하시면서, 이스라엘 백성을 파라오의 손아귀에서 구해 내라고 명하십니다(3,10.18). 파라오가 두려워 외국으로 망명한 모세로서는 파라오에게 가라는 말씀도, 그에게서 이스라엘 자손들을 이끌어 내라는 말씀도 다 어불성설로 들렸을 것입니다. 당연히 모세는 "제가 무엇이라고 감히"(3,11) 그렇게 할 수 있겠느냐고 이의를 제기합니다.

하느님은 왜 모세를 파라오에게 파견하실까요? 파라오를 설득하는 일이 결코 쉽지 않다는 것을 하느님도 모르시지 않습니다. 당신 스스로 "강한 손으로 몰아세우지 않는 한, 이집트 임금은 너희를 내보내지 않으리라는 것을 나는 안다"(3,19)고 말씀하셨습니다. 그 어려운 일을 굳이 하시려는 이유는 억압자도 참된 힘의 주인이 누구인지를 알아볼 필요가 있기 때문입니다. 그릇된 지배욕에 사로잡힌 파라오에게도 해방이 필요한 까닭입니다. 이집트 땅에서 열 가지 재앙이 일어날 때까지 힘겨루기를 멈추지 않은 파라오를 하느님께서 참아 주신 이유도 바로 이 때문입니다. 하느님은 파라오와 이집트 백성들도 참된 힘의 주인이신 주님을 알아볼 수 있기를 원하셨습니다. 하느님은 폭력으로 파라오를 응징하기 위하여 모세를 파견하신 것이 아닙니다. 그분은 폭력을 폭력으로 응징하는 길을 선택하시지 않습니다. 파라오에게 참된 힘의 주인이 누구인지를 깨닫게 하시어 스스로 폭력을 멈추게 하는 길을 열고자 하십니다.

이 파견에 이의를 제기하는 모세에게 하느님은 "내가 너와 함께 있겠다"(3,12)고 말씀하십니다. 이것이야말로 하느님께서 모세를 보냈다는 표징이 될 것이라고 하십니다. 그 누구도 두려워하지 않을 담대한 용기를 약속하신 것도, 강철 같은 심장을 주겠다고 말씀하신 것도 아닙니다. 그저 함께 있겠다고 이르셨습니다. 그런데 모세에게는 함께 있겠다는 하느님의 이 말씀이 파라오를 대면할 수 있는 용기를 주었음이 분명합니다. 모세도 일단은 이 사명을 받아들입니다. 그러나 하느님께 굴복하지 않는 파라오 앞에 거듭 나아가기 위하여 모세는 하느님의 '함께하심'이 무엇을 의미하는지 계속 배우게 될 것입니다.

모세가 받은 사명의 또 다른 면은 동족인 이스라엘의 원로들을 찾아가 그들에게 구원에 대한 강력한 의지를 불어넣는 것입니다. 이집트 땅을 떠나 미지의 세계인 약속의 땅을 향해 걸어가도록 이스라엘을 설득하는 것입니다. 모세는 오랫동안 억압된 환경에 처해 있었던 이들을 설득하여 그곳에서 벗어나도록 재촉하는 일이 얼마나 어려운 일인지를 모르지 않습니다. 계속된 억압과 압제는 사람들로 하여금 어려움을 극복하려는 의지마저 말살시키고, 미래에 대한 어떤 희망도 품지 못하게 합니다. 그들은 현실에 매몰되어 현실의 고통을 잊게 하는 일시적인 대안에 중독되어 있기 십상입니다. 그런 사람들을 스스로 고난에서 일어나게 하려면 그들을 압제하는 힘보다 더 큰 힘을 체험하게 할 필요가 있습니다.

그래서 모세는 묻습니다. '그들이 저를 파견하신 분의 이름을 물으면 어떻게 해야 합니까?' 하느님은 모세에게 당신의 이름이 "있는 나"(3,14)라고 하십니다. 자신의 절대적인 존재 근거가 오직 자신에게 있는, 그리하여 다른 모든 것을 있게 하는 존재가 바로 당신임을 밝히십니다. 이 하느님이 그들의 조상들이 믿고 예배했던 그 하느님이라고 하십니다. 이제 이스라엘 백성은 모세를 통하여 하느님께서 그들을 위하여 어떻게 '있는 자'가 되시는지를 체험하게 될 것입니다. 그들을 진정으로 위하시는 하느님의 '있음'을 거듭 체험할수록 그들은 현재 삶의 질곡에서 일어설 것입니다. 그들은 어제도 오늘도 내일도 무력하지만 참된 힘의 주인이신 분을 믿고 사는 법을 배울 것입니다. 그러나 그들이 '있는 나'이신 하느님이 자신들의 주님임을 알아보기 위해서는 숱한 불신의 밤을 거쳐야 했습니다. 모세도 아직 주님의 파견에 온전히 동의하지 못하였습니다. 이의를 세 차례나 더 제기한 뒤에야 모세는 마침내 일어서서 이집트를 향해 길을 떠날 것입니다. 우리의 실패와 불신이 더 나은 믿음으로 인도하는 여정에 속하기만 한다면, 실패와 불신 앞에서 절망하여 울기보다는 함께 하시겠다는 주님을 한 번 더 믿어 봐야 하지 않겠습니까?

3,7-22의 말씀과 함께 다섯 번째 여정을 걸었습니다. 이 여정에서 반복적으로 등장하는 하느님의 말씀은 "내가 너와 함께 있겠다"(3,12)입니다. 이 말씀과 함께 잠시 쉬어 가겠습니다. 이 쉼터에서 우리를 비추어 볼 거울도 역시 이 말씀입니다. 하느님은 모세를 파라오와 이스라엘의 원로들에게 파견하시며 그와 함께 있겠다고 하셨고, 당신의 이름을 '있는 나'라고 소개하셨습니다. 여러분은 삶에서 하느님의 함께하심을 어떻게 체험합니까? 하느님께서 우리와 함께하심을 어떻게 알 수 있습니까? 지금 여러분의 삶은 하느님과 함께하는 삶인가요? 아니면 고아처럼 홀로 한 치 앞을 알 수 없는 어둠 속을 걸어가는 것인가요? 지금 모세는 "내가 너와 함께 있겠다" 하신 하느님의 말씀을 믿고 파라오를 대면하러 가야 합니다. 만약 여러분이 모세가 파라오를 만나러 가는 것처럼 두렵고 피

하고 싶지만 선善을 이루기 위해서는 반드시 대면해야만 하는 어떤 일을 해야 한다면, "내가 너와 함께 있겠다"는 하느님의 말씀은 이 상황을 직면하는 데 어떤 도움을 줍니까? 이와 비슷한 경험을 한 적이 있습니까? 하느님의 현존이 그 상황을 극복하는 데 어떤 도움이 되었습니까?

6

"주님, 죄송합니다"

모세의 소명사화는 3,1에서 시작되어 4,17에서 일단락됩니다. 지난 여정에서 3장을 살펴보았기 때문에, 이번 여정에서는 그 소명사화의 나머지 부분인 4,1-17을 살펴보겠습니다. 해당 본문의 내용을 자세히 살펴보기 전에, 만약 내가 모세라면 나는 과연 어떻게 응답하였을까 생각해 봅시다. 모세의 입장이 되어 보면 하느님의 부르심에 응답하는 데 주저하고 있는 모세를 훨씬 더 깊이 이해할 수 있을 것입니다.

모세에게 하느님의 부르심에 응답한다는 것은 40년간 살았던 삶의 터전을 바꾸고, 삶을 영위하는 방식과 삶의 우선순위도 바꾸는 것을 의미했습니다. 응답하면 모세는 80세의 나이에 40년간 머물렀던 미디안을 떠나 이집트로 돌아가야 합니다. 누구에게나 그러하듯이 그것은 결코 쉬운 일이 아니었습니다. 모세도 하느님의 부르심에 "예"라고 응답하기까지 여러 차례 주저하고 망설입니다. 이 주저함과 망설임이 모세의 소명사화에 등장하는 다섯 차례의 '이의 제기'에 고스란히 반영되어 있습니다. 두 번의 이의 제기는 이미 3장에서 나왔습니다. 첫 번째 이의 제기는 어떻게 모세 자신이 파라오와 대면할 수 있겠느냐는 물음이었고(3,11), 두 번째는 모세를 파견하는 주체에 대한 물음이었습니다. 이스라엘의 원로들이 누가 모세를 그들에게 파견하였느냐고 묻는다면, 모세는 자신이 무엇이라고 대답해야 하느냐고 묻습니다(3,13). 곧 파견하시는 분의 정체를 묻는 물음이었습니다. 하느님은 계속 모세를 부르시고, 모세는 계속 이의를 제기합니다. 부르시는 분도 쉽사리 포기하지 않으시고, 응답해야 하는 자도 호락호락하지 않습니다. 도대체 무엇을 이야기하기 위함일까요? 모세가 마침내 하느님께 "예"라고 응답하게 되는 과정을 좀 더 지켜보고 난 후에 이 주제를 다루어 보겠습니다.

하느님은 모세에게, 이스라엘의 원로들과 이집트의 파라

오에게 이스라엘을 위한 당신의 구원 계획을 선포하라는 사명을 재차 말씀하십니다(3,16-22). 그러자 모세는 다시 이의를 제기합니다. 저들이 자신의 말을 믿지도 않고, 하느님께서 자신을 보내셨다는 사실도 부정하면 어떻게 해야 하느냐고 묻습니다(4,1). 세 번째 이의 제기입니다. 하느님은 인내롭게 그에게 답하시며, 두 가지 표징을 주십니다. 사람들은 이 표징들로 하느님께서 그를 파견하셨음을 알아보게 될 것입니다. 첫 번째 표징은 지팡이가 뱀이 되는 것이고, 두 번째 표징은 나병에 걸리게도 하고 낫게도 하는 이적입니다. 이 두 가지 표징으로도 사람들이 그를 믿지 않으면, 나일강에서 물을 퍼다가 마른 땅에 부으라고 말씀하십니다. 강물은 곧 피가 될 것입니다. 모세는 이 정도쯤이면 사람들이 자신을 하느님께서 파견하신 이로 알아볼 것이라고 믿습니다.

그런데 모세에게는 다른 고민이 있었습니다. 그는 '말솜씨가 없고, 입과 혀가 무딘'(4,10) 사람입니다. 이 약점은 인간의 노력으로 고칠 수 있는 성질의 것이 아니라고 말합니다. 앞으로 모세가 해야 할 일이 이스라엘의 원로들과 파라오를 설득하는 일임을 생각한다면 이것은 치명적인 약점이 될 수 있습니다. 하느님이 주신 사명을 수행하는 데 반드시 필요한 인간적인 능력이 모세에게 없는 셈입니다. 모세는 이를 인정하고 고백합니다. 그러자 하느님께서 그의 약점은 아무런 문제가 되지 않을 것이라고 말씀하십니다(4,11-12). 왜냐하면 하느님의 일은 인간의 능력에 바탕을 두고 이루어지지 않을 뿐만 아니라, 하느님께서 그와 함께하시면서 무엇을 어떻게 해야 할지 가르쳐 주실 것이기 때문입니다.

모세는 다시 한번 주저합니다. 자기보다는 그 일을 잘 해낼 수 있는 다른 누군가를 보내시라고 말씀드립니다(4,13). 이것이 모세의 다섯 번째이자 마지막 이의 제기입니다. 이제는 하느님도 지치신 듯 모세에게 화를 내시지만, 모세를 위하여 그의 형 아론을 대변자로 세워 주십니다(4,14). 마침내 모세가 하느님의 부르심에 온전히 "예" 하고 응답하였음을 떠나겠다는 그의 말(4,18)에서 알 수 있습니다. 그는 하느님을 뵈었던 호렙산을 떠나 곧바로 장인 이트로에게 가서 이집트로 돌아가겠다는 결심을 밝힙니다. 그리고 아내 치포라와 자식들을 데리고 이집트로 가는 길에 들어섭니다(4,18-26).[5]

---

[5]_ 탈출 4,24-26은 구약성경에서 가장 해석하기 어려운 본문 가운데 하나입니다. 이 본문을 해석하기 어려운 이유 중 하나는 여기에 나오는 3인칭 대명사가 누

'이의 제기'는 구약성경에 자주 등장하는 소명사화의 중요

구를 지칭하는지 알기 어렵다는 데 있습니다. 예를 들면, 4,24의 히브리어 원문을 직역하면 이렇습니다. "그가 그 길에서 그 숙소에 있었을 때, 주님(야훼)께서 그를 만나셨고, 그를 죽이려고 하셨다." 가톨릭 공용 우리말 ≪성경≫에서는 앞 문맥과 연결하여 그를 모세라고 번역하였지만, 이 구절만으로는 그가 누구인지 알 길이 없습니다. 원문의 번역도 문제가 되지만, 만약 정말 그가 모세라면, 도대체 왜 주님께서는 모세를 이집트로 파견하셨으면서 그가 이집트로 들어가는 길목에서 그를 죽이려고 하시는지 이해하기 어렵습니다. 그래서 어떤 이는 주님께서 죽이려는 이를 4,23의 마지막 단어인 맏아들로 해석합니다. 이런 경우에 주님께서 죽이려고 하시는 이는 모세가 아니라 맏아들이고, 치포라는 급히 아들의 포피를 잘라 그의 발에 대고 "당신은 나에게 피의 신랑입니다" 하고 말하자 그가 그를 놓아 주었다고 합니다. 치포라가 아들의 포피를 잘라 누구의 발에 댄 것인지도 정확히 알 수가 없고 '피의 신랑'이라는 말도 무엇을 의미하는지 잘 알지 못합니다. 이렇게 현재의 히브리어 본문만으로는 그 의미를 정확하게 알 수가 없기 때문에 이 본문은 여러 방향으로 해석되어 왔습니다. 예를 들면, 이 본문과 야곱이 야뽁강을 건널 때 밤중에 하느님의 공격을 받고 다리를 절게 된 사건(창세 32,22-32)을 병행 구절로 해석하여, 모세 역시 미디안에서 이집트로 돌아가는 경계지에서 하느님을 만나 죽을 고비를 넘긴 후 변모하는 사건으로 해석하는 경우입니다. 또는 모세의 맏아들이 할례를 받지 않았는데, 이때 치포라가 재빨리 할례를 베풂으로써 아들의 목숨을 구한 이야기로 해석하는 학자들도 있습니다. 혹자는 이 이야기를 앞으로 일어날 열 번째 재앙사화와 연결하여 해석하기도 합니다. 이집트의 맏자식들을 치실 때 문설주에 피가 발린 집은 건너가겠다고 하셨는데, 여기에서 주님께서 치시려는 이가 목숨을 구한 것도 피가 발려 있었기 때문이라고 해석합니다. 어떤 학자들은 모세가 이집트에서

한 구성 요소 중 하나입니다. 사실 이의 제기는 단순히 부르심을 받은 이들의 주저함이나 고집스러움을 말하기 위한 것이 아닙니다. 이는 특정한 사명을 위하여 하느님의 부르심을 받은 이들의 깊은 겸손을 드러내는 것입니다. 하느님의 부르심을 받은 이들은 모두 그분이 주시는 사명을 수행하기에 자신이 턱없이 부족한 존재임을 인식합니다. 그들은 하느님이 주신 사명의 중대함을 인식할 뿐만 아니라 그 사명을 수행하는 데 절대적으로 부족한 자기 자신을 정확히 인식합니다. 이런 건강한 인식에서 나온 것이 부르심에 대한 '이의 제기'입니다. 구약성경의 저자들은 소명사화라는 양식을 통하여 부르심을 받은 이들에게 가장 필요한 덕목은 바로 이러한 겸손이라고 말합니다.

부름받은 이들의 겸손한 이의 제기에 대한 하느님의 답변은 대부분 '두려워하지 마라. 내가 너와 함께 있겠다'는 것입

저지른 살인죄를 주님께서 되갚으심으로써 그를 죄에서 풀어 주시어, 사명을 수행할 최종적인 준비를 갖추게 하신 것이라고 해석합니다. 어찌되었거나 이 본문의 난해함은 여전히 해결되지 않은 채로 남아 있습니다. 그 때문에 묵상 부분에서는 이 단락을 언급하지 않았습니다.

니다. 하느님은 그들에게 사명 수행에 필요한 모든 능력과 수단을 주겠노라고 약속하지 않으십니다. 다만 당신께서 그들과 함께하겠노라고 약속하십니다. 이것은 무엇을 의미합니까? 이는 부름받은 이들이 수행해야 할 사명도 하느님의 것이고, 그것을 수행하는 방법, 수행하는 능력도 하느님께로부터 온다는 것입니다. 그들이 해야 할 일은 힘을 키우는 일도 능력을 배가하는 일도 아니며, 오직 그들과 함께하시는 하느님의 현존을 놓치지 않는 일입니다. 그들은 도구이며, 일을 수행하시는 분은 하느님이십니다. 그들은 하느님의 사명을 수행하는 과정에서 이를 충분히 체험하게 될 것입니다. 구원을 위한 사명은 시작도, 중간도, 끝도, 다 하느님에 의해 이루어지는 것이며, 하느님께서 이루실 것입니다. 하느님의 도구가 되는 사람들은 하느님과 함께 머물면서 자신이 할 수 있는 만큼만 최선을 다하면 그만입니다. 처음부터 그 일은 하느님의 일이었고, 끝까지 책임지실 분도 하느님이십니다. 구약성경의 소명사화는 이것이 바로 부르심을 받은 이들의 자세여야 함을 가르쳐 줍니다.

그런 의미에서 모세는 부름받은 모든 이의 훌륭한 모범입니다. 그는 자신을 위대한 인물이라 여기지도 않았고, 하느님의 일을 해낼 능력이 자신에게 있다는 자만도 품지 않았으며, 하느님의 일을 자신의 일로 만들지도 않았습니다. 하느님도 모세의 이런 겸손을 인정해 주셨습니다. 민수 12,3은 모세가 땅 위에 사는 그 누구보다 겸손하였다고 말합니다. 모세의 소명사화는 부름받은 모든 이에게 참 멋진 거울입니다. 늘 그 앞에서 우리의 마음가짐을 가다듬어야 할 고마운 거울입니다.

우리는 여섯 번째 여정을 호렙산의 떨기나무 곁에서 보냈습니다. 모세는 불타는 떨기나무에 다가갔다가 그곳에서 하느님을 뵙고 이스라엘 백성을 파라오의 손아귀에서 구해 내어 약속의 땅으로 데려가라는 사명을 받았습니다. 모세는 이 사명을 받아들이기까지 다섯 번이나 이의를 제기할 만큼 많이 망설였습니다. 이것은 모세의 고집을 드러내는 것이기보다는 오히려 자신이 지고 가야 할 사명에 비해 지극히 보잘것없는 자신에 대한 건강한 자기 인식에서 나온 겸손임을 우리는 알게 되었습니다.

이제 호렙산의 떨기나무 아래 마련된 쉼터에 앉아 4,1-17의 거울에 우리 자신을 비추어 보려고 합니다. 이 거울에는 겸손한 모세의 모습이 있습니다. 모세의 겸손은 그 자체로 거울이 되어 우리 자신을 비추어 줍니다. 그 거울에 비친 우리의 모습은 어떠합니까? 하느님이 주신 사명을 내 것으로 여기고, 스스로 질 수 없는 짐을 씩씩하게 져 보겠노라고 큰소리치며 허영에 가득 차 있는 모습입니까? 아니면 그 짐을 지기에는 한없이 부족한 자신의 모습에 슬퍼하며 절망하고 있습니까? 이 모습 역시 하느님의 힘을 믿지 못하는 교만의 다른 모습이라는 것을 알고 있습니까? 우리를 전부 아시면서도 당신의 사명을 맡기신 하느님을 신뢰하며 자신의 모습과 더불어 평화를 느낍니까? 하느님의 것을 하느님의 것으로 돌리며, 다만 자신이 할 수 있는 일에 최선을 다하는 겸손한 종의 모습이 그 거울에 비치고 있습니까? 교만과 허영과 자만, 절망과 자포자기의 유혹에 지지 않으려면, 하느님께서 부르신 사명의 길을 끝까지 충실히 걸으려면, 우리는 어쩔 수 없이 이 거울 앞에 자주 서야 합니다.

7

파라오와 주님의 강한 손

우리 여정의 일곱째 단계는 지금까지의 여정과는 사뭇 달라집니다. 지금까지는 긴 호흡으로 서두르지 않고 걸어왔다면, 이제는 제법 큰 보폭으로 성큼성큼 달려가야 합니다. 우리가 움직여야 할 이동 거리가 꽤나 길기 때문입니다. 우리는 호렙산의 떨기나무 곁을 떠나 미디안으로 갔다가 다시 이집트로 들어갈 것입니다. 이집트에 돌아가서도 한곳에 머물지 않고, 파라오의 왕궁에 들락거려야 합니다. 조금 서두르는 듯한 여정이지만 우리가 마주하게 될 다양한 풍광에 시선을 집중하며 주의 깊게 살펴보시기 바랍니다.

호렙산을 떠나 미디안으로 돌아간 모세는 즉시 장인 이트로에게 이집트로 돌아가겠다는 결심을 말합니다. 이집트에 살고 있는 친척들의 안부를 알아보아야겠다고 합니다. 성경 저자는 모세가 이집트로 돌아가게 된 것은 "이집트로 돌아가라"고 말씀하신 주님의 명령에 따른 행동임을 강조합니다(4,19). 모세는 하느님의 지팡이를 손에 들고, 아내와 아들들을 데리고 이집트로 돌아갑니다. 이집트로 돌아간 모세는 아론과 함께 이스라엘 백성과 파라오를 각각 만나 하느님의 뜻을 전달합니다.

모세와 아론을 통하여 하느님의 뜻을 처음으로 전달받은 순간부터 훗날 하느님의 뜻을 온전히 받아들이기까지, 파라오 편에서 보면 이 여정은 결코 순탄하지 않았습니다. 하느님을 알지 못하던 파라오가 하느님을 알아보고, 그분의 권위에 굴복하게 되는 과정이 이집트 땅에서 일어났던 열 가지 재앙에 관한 이야기(7-12장)에 담겨 있습니다. 이 열 가지 재앙사화는 양면으로 된 거울처럼 하느님 앞에서 인간이 취할 수 있는 극단적인 두 가지 자세를 잘 보여 줍니다. 한쪽이 모세라는 거울이라면 다른 한쪽은 파라오라는 거울입니다. 일곱 번째 여정은 파라오와 함께 걷고, 여덟 번째 여정은 모세와 함게 걸을 것입니다. 두 사람의 이야기가 한데 연결되어 있어 파라오와 모세를 따로 떼어 놓고 생각하기는 쉽지 않지만, 하느님 앞에서 그들이 취한 태도와 자세를 좀 더 집중적으로 살펴보기 위함입니다.

모세와 아론은 파라오에게 가서 "내 백성을 내보내어 그들이 광야에서 나를 위하여 축제를 지내게 하여라"(5,1)는 주님의 말씀을 전합니다. 그러자 파라오는 이렇게 응답합니다. "그 주님이 누구이기에 그의 말을 듣고 이스라엘을 내보내라는 것이냐? 나는 그 주님을 알지도 못할뿐더러, 이스라엘을 내보내지도 않겠다"(5,2). 파라오의 이 말은 인생에 대한 그의 자세를 적나라하게 드러냅니다. 그는 스스로를 세상의 주인이라고 생각하는 사람입니다. 자신의 삶뿐만 아니라 다른 이들의 삶도 자신이 좌지우지할 수 있다고 생각합니다. 파라오는 지금껏 자신이 누려 왔던 부와 권세로 인하여 이런 그릇된 믿음을 갖게 되었습니다. 과연 파라오는 자기 삶의 주인일까요? 자기 생명에 대한 전권을 가지고 있다고 말할 수 있을까요? 나아가 그는 이스라엘의 주인일까요? 이스라엘이 비록 피압박 민족이라고 하더라도 과연 파라오가 이스라엘 백성의 마음까지 소유할 수 있을까요? 그가 인생을 제대로 보려면 당연하다고 생각했던 것들이 결코 당연하지 않음을 체험해야만 했습니다.

파라오는 늘 해 왔던 방식대로 모세와 아론에게 응수합니다. 강제와 억압이 유용한 통제 수단이라고 믿는 그는 이스라엘을 더욱 모질게 박해함으로써 이스라엘 내부의 분열을 도모합니다. 벽돌 제작에 필요한 짚을 제공하지 않은 채 동일한 벽돌 생산량을 요구하는 파라오의 억압은 이스라엘 백성에 대한 모세와 아론의 영도력을 약화시킵니다. 그러자 주님께서는 모세에게 분명하게 말씀하십니다. "이제 너는 내가 파라오에게 어떻게 하는지 보게 될 것이다. 정녕 그는 강한 손에 밀려 그들을 내보낼 것이다. 강한 손에 밀려 그가 자기 땅에서 그들을 내쫓을 것이다"(6,1). 이어지는 열 가지 재앙사화는 주님의 강한 손이 파라오를 어떻게 다루시는지를 보여 줍니다. 파라오는 하느님을 알아보는 데 굼뜨고, 하느님은 그런 파라오가 당신을 알아보도록 한결같이 이끄십니다. 그것이 열이라는 숫자가 의미하는 바입니다.

처음의 재앙 세 가지는 피와 개구리, 모기의 재앙으로, 하느님의 종인 모세와 아론이 파라오의 마술사들보다 훨씬 뛰

어남을 보여 줍니다.[6] 세 번째 재앙이 일어났을 때 이집트의 마술사들은 땅의 먼지로 모기를 만드는 일에 실패하자, 이 재앙이 하느님의 손가락이 하신 일임을 알아보고 파라오에게 알립니다. 그러나 파라오는 꿈쩍도 하지 않습니다. 이어서 다시 세 가지 재앙이 발생합니다. 등에와 가축병, 종기의 재앙이 일어나는데, 여기에서는 재앙이 이집트인들에게만 일어나고, 이스라엘 백성에게는 일어나지 않는다는 사실이 강조됩니다. 곧 당신의 백성을 보호하시는 하느님의 의지가 분명하게 드러납니다.

넷째 재앙이 일어났을 때 처음으로 파라오는 타협을 시도합니다. "이 땅 안에서 너희 하느님께 제사를 드려라"(8,21). 모세는 이스라엘의 제사 방식을 혐오하는 이집트인들 때문에 그것은 불가능하다고 대답합니다. 그러자 파라오는 광야로

---

[6] 이집트의 마술사들과 모세와 아론의 경쟁을 묘사하는 이런 이야기 양식을 우리는 '경쟁사화'라고 부릅니다. 이와 비슷한 양식이 성경의 다른 곳에서도 나타납니다. 요셉 설화군에는 요셉과 이집트의 마술사들이 꿈풀이 능력을 경쟁하고(창세 41장 참조), 다니엘서에서는 다니엘과 바빌론의 주술사들이 꿈풀이 경쟁을 벌입니다(다니 2장과 4장 참조).

가는 것을 허락하되 멀리 가지 않는다는 조건을 붙입니다. 하지만 재앙이 사라지면 파라오의 마음은 다시 완고해집니다.[7]

---

[7] 파라오는 스스로 완고해진 것일까요? 아니면 하느님께서 그의 마음을 완고하게 하신 것일까요? 만약 후자라면 과연 주님께서 파라오에게 그의 행동에 대해 책임을 묻는 것이 적절하다 할 수 있을까요? 우선, 파라오의 마음이 굳어졌다는 표현은 파라오가 주어가 되는 경우(7,13.14.22; 8,11.28; 9,7.35)와 주님이 주어가 되는 경우, 곧 주님께서 파라오의 마음을 굳히셨다고 보는 경우(7,3; 9,12; 10,1.20.27; 11,10; 14,4.8.17)로 나눌 수 있습니다. 여기에서 문제가 되는 것은 주님께서 파라오의 마음을 굳히셨다는 것인데, 이것은 다음 몇 가지로 설명해 볼 수 있습니다. 첫째, 이런 표현은 만사를 하느님의 활동으로 이해하는 고대 이스라엘인들의 사고방식을 반영합니다. 그들에게 제1 원인자는 언제나 하느님이시기 때문입니다. 둘째, 성경 본문은 재앙이 바로 효과를 발휘하지 못하는 이유, 곧 파라오의 마음이 굳어진 이유를 하느님의 권능이 부족해서가 아니라 당신의 주권을 확실하게 드러내기 위해 하느님께서 인내하시는 것으로 설명합니다(7,5; 9,14-16; 10,1-2 참조). 또 하나의 이유는 이스라엘 백성이 파라오의 완고함을 통해 자신들의 모습을 되돌아보고 하느님께 대한 태도를 고치게 하려는 교육적 목적으로 부각시키는 것입니다. 여기에 덧붙여 우리가 기억해야 할 것은 하느님께서 어떤 행위를 하실 때 인간의 자유의지를 전적으로 존중하신다는 점입니다. 우리에게 당신의 소명을 주실 때조차 전적으로 우리의 선택을 존중하는 분이시라면 우리가 한 선택의 탓을 주님께 돌릴 수는 없습니다. 파라오도 마찬가지입니다. 궁극적으로 마음을 완고하게 한 것은 파라오이지, 그 탓을 주님께 돌릴 수는 없을 것입니다. 따라서, 이 모든 것을 고려해 볼 때 "주님께서 파라오의 마음을 완고하게 하셨다"는 표현은 하느님께서 실제로 파라오의 마음

다섯째 재앙이 이집트를 덮치자 온 가축이 흑사병에 걸려 죽었습니다. 하지만 이스라엘인들의 가축은 모두 무사하였습니다. 파라오는 이 사실을 확인하고도 주님 앞에 굴복하지 않습니다. 여섯째 재앙으로 파라오의 마술사들은 완전히 무력해집니다. 그들마저 종기가 생겨 꼼짝도 못하게 되었지만, 파라오는 여전히 완고합니다. 이어서, 유래 없던 우박과 메뚜기, 어둠의 재앙이 발생합니다. 이 재앙들은 그 무엇과도 비교될 수 없는 하느님의 놀라운 권능을 드러냅니다. 파라오는 마침내 이 재앙들 앞에서 잘못을 인정하고 모세의 중재를 청하거나 타협을 제안합니다. "장정들이나 가서 주님께 예배드려라"(10,11). "너희는 가서 주님께 예배드려라. 다만 너희 양 떼와 소 떼만 남겨 두어라. 어린것들은 너희와 함께 가도 좋다"(10,24). 파라오의 신하들도 파라오가 졌음을 알아차리고 그에게 포기할 것을 권유합니다.

그러나 파라오가 주님께 온전히 굴복하기 위해서는 그의

을 완고하게 하셨다는 의미로 이해하기보다는 하느님의 구원 의지가 파라오의 완고함에도 불구하고 강력하게 펼쳐지고 있음을 강조하는 의미로 이해할 수 있습니다.

맏아들이 죽는 열 번째 재앙이 일어나야만 했습니다. 그제야 파라오는 다급해집니다. 한밤중에 모세와 아론을 불러 "너희가 말하던 대로, 가서 주님께 예배드려라"(12,31)고 말합니다. 비로소 파라오는 이 모든 사건의 배후에 계신 하느님을 알아보게 된 것입니다. 자신이 세상에 존재하는 모든 것의 주인이 될 수 없음을 알아차렸습니다. 주님 앞에 자신의 권위를 온전히 내려놓을 만큼 겸손해진 것은 아니지만, 모세와 아론이 처음 만났던 그 파라오는 더 이상 아닙니다. 이제 파라오는 자신을 능가하는 힘이 세상에 존재하며, 자신이 세상의 주인이 아님을 알게 되었습니다.

열 가지 재앙사화의 실제 청중은 이집트인들이 아니라 이스라엘인들이었음을 염두에 둔다면, 마음이 완고한 파라오의 이야기는 청중이 자기 모습을 돌아보게 만드는 이야기입니다.[8] 나도 파라오처럼 마음이 굳어져서 일상 안에서 하느님

---

[8]_ 열 가지 재앙사화는 성경의 다른 곳에서도 종종 언급됩니다. 그런데 신·구약 중간 시기의 문헌과 신약성경에서 이 재앙사화가 어떻게 활용되고 있는지를 살펴보는 것도 흥미롭습니다. 지혜 11,2-19,22은 일곱 가지 재앙에 대한 일종의 묵상 혹은 강론이라 할 수 있는데, 재앙이 벌어지는 동안 이집트와 이스라엘의 체험을 비교하며, 권선징악을 가르치는 자료로 활용합니다. 지혜서의 저자는 이

의 표징을 읽어 낼 능력이 없는 것은 아닐까? 기존 삶의 방식을 고수하려는 고집과 자신의 한계를 인정하지 못하는 교만이 나를 마비시키고 있는 것은 아닐까? 나는 지금 어디쯤에 와 있을까? 모세와 아론이 만났던, 스스로 하느님을 모른다고 고백하던 그 파라오인가? 아니면 전부가 되시려는 하느님 앞에서 적당히 타협을 시도하는 파라오인가? 아니면 하느님 앞에 온전히 굴복하고 자신의 왕관을 그분의 발치에 내려놓은 겸손한 파라오인가? 이 거울 앞에 서려면 용기가 필요하지만, 그 앞에서 자신의 진실과 마주하게 됩니다. 그 진실은 우리를 해방하여 참된 자유를 맛보게 합니다.

일곱 번째 여정의 쉼터는 파라오의 왕궁에 마련하였습니다. 여기에는 파라오라고 하는 큰 거울이 서 있습니다. 화려하게

스라엘을 악한 이집트인들과 대조되는 의인으로 보고, 이집트인들은 그들이 범죄 때 사용했던 바로 그것으로 징벌을 받는다는 사실을 강조합니다. 묵시 8-11장과 16장은 앞으로 일어날 재앙을 설명하기 위하여 탈출기의 재앙사화를 활용합니다.

장식된 그 거울 앞에서 우리 자신의 모습을 비추어 보겠습니다. 그 거울에는 지금껏 자신이 누려 온 권세와 힘 앞에 철저히 속고 있는, 눈이 가려진 파라오가 서 있습니다. 그는 자신이 누구보다 잘 보고 있다고 주장하지만 사실 그에게는 세상의 참 주인을 알아볼 눈이 없습니다. 세상에는 파라오와 같은 이들이 많습니다. 그들은 다른 이들의 인권을 짓밟고 착취하면서도 누군가 자신들의 잘못을 묻고 따질 것이라고는 생각하지 않습니다. 진실 따위는 쉽게 묻힐 수 있다고 믿습니다. 그러나 시간은 참으로 많은 것을 망각의 저편으로 밀어 넣기도 하지만 동시에 애써 감추려고 했던 진실을 백일하에 드러내기도 합니다. 참된 힘의 주인 앞에 굴복하기까지 참으로 고집스럽게 싸움을 벌였던 저 파라오도 오늘은 주님 앞에 무릎을 꿇었습니다. 우리는 이 모습을 오래 기억해야 할 것입니다. 그리고 스스로 거짓의 옷을 벗고, 겉만 화려한 저 단상에서 내려오지 못하겠거든, 주님 앞에 무릎을 꿇고, "주님, 제발 제 눈을 뜨게 해 주십시오"라고 간청해야 합니다. 남들은 모두 보고 있는 진리를 홀로 보지 못하는 어리석음에서 건져 달라고 기도해야 합니다. 주님은 우리를 해방시키는 인생의 역설로 우리를 초대하십니다. 힘을 지키려 하는 사람은 점점 더 그 힘의 노예가 되지만, 그 힘을 원래 주인이신 분께 돌려 드리는 사람은 누구의 지배도 받지 않게 된다는 역설입니다. 우리 모두가 이 역설을 살도록 초대받았습니다. 하느님은 세상의 모든 파라오에게도 이 초대장을 보내셨습니다. 참된 해방에 이르는 여정에 초대하셨습니다. 이 초대장을 허투루 여기지 않는 이가 지혜로운 사람입니다.

모세가 파라오를 만나 하느님의 말씀을 전달하는 5,1-12,35에는 '내가 주님임을 알게 될 것이다'라는 말씀이 자주 등장합니다(7,5.17; 8,6; 9,29; 10,2 참조). 이 말씀의 거울 앞에서 보는 것도 유익하리라 생각합니다. 하느님을 주님으로 알아본다는 것이 무엇을 의미하는 것일까요? 저를 포함하여 이 글을 읽는 모든 분이 하느님을 주님으로 고백합니다. 곧 하느님을 우리의 주인으로 인정하고 받아들입니다. 이 말은 하느님이 우리가 가진 모든 힘의 원천이심을 알아본다는 뜻입니다. 만약 우리가 자신이 가진 힘이나 능력 때문에 남을 무시하거나, 반대로 다른 사람이 가진 힘이나 능력 때문에 자신을 남보다 못한 존재로 여긴다면, 그것은 참된 힘과 능력은 주님에게서 온다는 사실을 알지 못하는 것입니다. 만약 하느님을 내가 정한 부분에만 존재하는 분으로 만든다면, 내가 원하는 영역에만 관여하시도록 허락한다면, 그 역시 하느님께서 주님임을 알아보지 못하는 것입니다. 하느님이 우리의 주님이시라면 당연히 그분은 우리의 전부를 차지하시는 분이어야 합니다.

가만히 우리의 삶을 돌아보면 우리도 파라오처럼 하느님을 알아보지 못할 때가 많습니다. 왜 하느님을 알아보지 못할까요? 하느님을 잘 알아보려면 어떻게 해야 할까요? 어떤 노력을 기울이면 하느님의 현존을 빨리 알아차릴 수 있게 될까요? 우리가 탈출기를 묵상하며 지금 하고 있는 노력들, 곧 일상적인 사건에서 하느님 구원의 표징을 읽어 내는 습관을 들이는 것이 중요합니다. 그리고 하느님께서 우리 안에 이루어 주신 크고 작은 구원의 경험을 숙고하고 그 체험을 기억하는 것도 하느님을 알아보는 데 큰 도움이 됩니다. 하지만 설령 구원 경험을 숙고할 수 있고 그 안에서 깨달음을 얻었다 하더라도 기존 삶의 방식을 고수하려는 고집에 사로잡히거나 현실과 타협하며 안주할 때, 그리고 자신의 한계를 인정하려는 철저함이 부족한 경우에는 하느님을 향한 맑은 시선이 얼마든지 흐려질 수 있음을 기억해야 합니다.

8

반복되는 실패 앞에 선 모세

여덟 번째 여정은 파라오와 대면한 모세와 함께 걸을 것입니다. 벌써 지치신 분은 없겠지요? 지치셨다고 해도 괜찮습니다. 쉬어 가면 됩니다. 갈 길은 아직 멀지만 서두르지 않아도 됩니다. 우리가 걷는 인생 여정은 그 길의 끝만 중요한 것이 아니기 때문입니다. 오히려 인생 여정의 끝은 그 길을 걷는 도중에 만나게 되는 모든 것으로 완성된다고 말할 수 있습니다.

사실 이 여덟 번째 여정에서 만난 모세도 조금 지쳐 보입니다. 제아무리 원대한 뜻을 품고 떠난 길이라 하더라도 그 길에 어려움이 닥치면 누구나 한 번쯤은 왜 이 길을 떠나야만 했는가를 돌아보게 됩니다. 길 떠나기 전의 상황을 그리워하며, 차라리 길을 떠나지 말았어야 한다고 자책에 빠지거나, 막다른 골목처럼 보이는 길의 끝자락에 서서 망연자실한 채로 서 있을 수도 있습니다. 한번 품었던 뜻이니 끝까지 가 보리라 각오를 다지는 이들도 있을지 모릅니다. 그러기에 길 떠난 이들이 만나게 되는 장애물은 왜 길을 떠나야만 했는지, 왜 이 길을 선택하였는지를 되돌아보고, 다짐을 새롭게 하는 계기가 될 수 있습니다. 하느님의 부르심에 따라 미디안에서 보낸 40년간의 삶을 정리하고 새로운 삶을 살고자 했던 모세는 하느님께서 주신 사명을 수행하던 초기 단계부터 엄청난 장애물을 만났습니다. 과연 모세는 이 장애물 앞에서 어떤 태도를 취하였을까요? 그 태도를 잘 보여 주는 것이 열 가지 재앙사화입니다.

모세와 아론이 파라오를 첫 대면하였을 때 모세는 80세였고, 아론은 83세였습니다(7,7). 성경 저자가 굳이 이들의 나이를 밝히는 이유는 무엇일까요? 그들의 원숙함을 드러내는 것이기도 하겠지만 그들이 언제든 무엇이든 새롭게 시작할 수 있을 만큼 젊지 않다는 것, 그래서 그들의 선택에는 제한과 한계가 있을 수밖에 없다는 사실을 말하려는 것이 아닐까요?

그렇기 때문에 그들이 경험하는 실패는 그들이 내딛는 발걸음을 더 주춤거리게 만들 수 있습니다.

모세와 아론이 파라오를 첫 대면한 결과는 사뭇 실망스러웠습니다. 파라오는 하느님의 명령을 무시할 뿐만 아니라 하느님의 존재마저 부인합니다. 모세가 전한 하느님의 메시지, 곧 '내 백성을 내보내어 광야에서 나를 위하여 축제를 지내게 하여라'는 말씀은 이스라엘 백성의 처지를 더욱 악화시킵니다. 파라오는 벽돌 제작에 필요한 짚을 제공하지 않으면서 동일한 양의 벽돌을 생산하도록 이스라엘 백성을 억압하고, 이렇게 사건이 전개된 모든 탓은 결국 모세와 아론에게 돌려집니다. 모세는 이 상황을 주님께 말씀드렸고, 주님은 파라오가 결국에는 당신께 굴복하게 될 것이라고 선언하십니다. 하지만 주님의 말씀이 성취되기까지는, 파라오가 마침내 주님을 알아보게 되기까지는 오랜 시간이 걸렸고, 모세와 아론은 연속되는 실패의 기간을 굳건히 견뎌 내야 했습니다.

아론의 지팡이가 뱀이 되는 이적異跡도 파라오의 마음을 움직이지 못하였습니다. 이집트의 모든 물이 피로 변하는 첫 번째 재앙도, 개구리 소동도 파라오의 고집을 꺾지 못하였습니다. 아론의 지팡이가 땅의 먼지를 치자 이집트 온 땅에 모기가 들끓었습니다. 파라오의 요술사들은 이것이 하느님의 손가락이 하신 일임을 알아보았지만 파라오는 여전히 마음을 바꾸지 않습니다. 연속되는 실패는 절망이 자라는 온상입니다. 절망이 마음에 퍼지기 시작하면 어둠으로 뒤덮인 그 마음의 땅에서는 '새로운 시도'라는 새싹은 자랄 수 없습니다. 시도를 해 보기도 전에 실패할 것이라고 단정 짓기 때문입니다. 그러나 모세는 절망 앞에 굴복하지 않습니다. 그는 자신의 이상을 추구하는 사람이 아니라 하느님의 말씀을 듣는 사람이기 때문입니다. 모세를 움직이게 하는 힘은 그 자신에게서 나오는 것이 아니라 하느님에게서 나오기 때문입니다. 하느님이 말씀하시면 모세는 다시 파라오를 대면하러 갑니다.

이집트 온 땅을 뒤덮은 등에 떼의 재앙(넷째 재앙)이 일어나자 드디어 파라오는 모세와 타협을 시작합니다. "가거라. 그러나 이 땅 안에서 너희 하느님께 제사를 드려라"(8,21). 그러나 모세는 단호합니다. "그렇게 하는 것은 옳지 않습니다. … 주 저희 하느님께서 말씀하신 대로, 저희는 광야로 사흘 길을 걸어가 그분께 제사를 드려야 합니다"(8,22-23). 실패를 거듭한 이들은 작은 성공에 만족하고 주저앉기 쉽습니다. 하지만 모세는 파라오의 작지만 놀라운 이 변화 앞에서 너무 일찍 샴

페인을 터뜨리는 우를 범하지 않습니다. 이어지는 재앙들에서 파라오가 자신의 결정을 여러 차례 번복할 때에도 모세는 흔들리지 않습니다. 메뚜기 떼가 온 이집트를 공격하는 여덟째 재앙 때 파라오는 다시 한번 타협을 시도합니다. "장정들이나 가서 주님께 예배드려라"(10,11). 아홉째 재앙인 어둠이 이집트를 덮치자 파라오는 조금 더 양보합니다. "너희는 가서 주님께 예배드려라. 다만 너희 양 떼와 소 떼만은 남겨두어라. 어린것들은 너희와 함께 가도 좋다"(10,24).

그러나 모세는 파라오의 타협 앞에 굴복하지 않습니다. 파라오로 대표되는 세상의 힘과 권력 앞에서 만약 모세가 타협을 시도하였다면 그는 좀 더 일찍 성공하였을지 모릅니다. 이스라엘 백성을 이집트로부터 조금 더 일찍 데려 내올 수 있었을지 모릅니다. 만약 모세가 자신이 맡은 일의 성공만을 추구하였다면 파라오가 제시하는 타협의 유혹을 쉽사리 물리칠 수 없었을 것입니다. 하지만 모세는 하느님의 뜻을 실현하기 위하여 파라오와 끊임없이 대화를 시도하지만 세상의 권력과는 절대로 타협하지 않습니다. "임금님께서도, 주 저희 하느님께 저희가 바칠 희생 제물과 번제물을 내주셔야 하겠습니다. 그리고 저희의 집짐승들도 저희와 함께 가야 합니다. 한

마리도 남아서는 안 됩니다. 그 가운데에서 주 저희 하느님께 바칠 것을 골라야 하는데, 저희가 그곳에 다다를 때까지는 주님께 무엇을 바쳐야 할지 알지 못하기 때문입니다"(10,25-26).

적당히 타협하며 살자고 유혹하는 목소리는 어디든 있습니다. 인생길의 장애물 앞에서 그 목소리는 어느 때보다 커집니다. 누군가는 그 소리를 따르는 것이 인생을 사는 지혜라고 부추길 것입니다. 모세는 하느님께 귀를 기울이고 그분 앞에 머물기를 멈추지 않음으로써, 타협하지 않고 하느님의 말씀을 굳건히 지켜낼 수 있었습니다. 우리는 지금 누구의 목소리에 귀 기울이고 있습니까? 세상의 논리와 타협하느라 하느님의 말씀을 반 토막 내고 있지는 않습니까? 처음의 부르심을 절반으로 축소하면서 장애물 핑계를 대고 있지는 않습니까? 모세의 거울이 우리를 돌려세울 수 있으면 좋겠습니다.

여덟 번째 여정의 쉼터는 거듭되는 실패로 지치고 실망한 모세와 아론이 파라오의 왕궁을 나와 터덜터덜 걸어갔을 어느 길가에 마련하였습니다. 태양은 모든 것을 말려 버리려는 듯이 그들의 머리 위에서 이글거리는데 나무 그늘 하나도 좀처럼 찾기 어려운 곳입니다. 어렵사리 찾아낸 어린 무화과나무에 모세라는 거울을 걸어 놓았습니다. 그 거울 앞에 오래 서 있고 싶습니다. 반복되는 실패에도 좌절하지 않고, 꿈쩍도 하지 않는 파라오를 열 번이나 거듭 찾아갔던 모세 앞에 서면, 나의 작은 실패들이 사소하게 여겨질 것 같습니다. 적당히 타협하며 살고자 했던 나의 비겁함에 낯이 붉어질 것 같습니다. 어쩌면 모세처럼 다시 파라오를 대면할 힘을 얻게 될지도 모릅니다. 그래서 오늘은 이 거울 앞에 오래 머물고 싶습니다.

9

열 번째 재앙과 파스카 축제

우리는 여전히 이집트 땅에 있습니다. 아홉 번째 여정도 여전히 이 땅에서 이루어질 것입니다. 그러나 우리는 이 여정에서 상반되는 두 장소를 오갈 것입니다. 하나는 하늘을 찌르는 곡성이 울려 퍼질 파라오의 궁성과 이집트인들의 가정이라면, 다른 하나는 경건하게 파스카 축제를 지내는 이스라엘 백성의 가정입니다. 이 두 장소가 서로 어떤 연관성을 지니고 있는지를 살펴보겠습니다.

하느님의 주권을 인정하지 않으려는 파라오의 완고한 마음과 하느님의 뜻에 온전히 순종하려는 모세의 굳건한 의지는 이집트 땅에 열 번째 재앙이 내릴 때까지 충돌합니다. 열 번째 재앙에 대한 예고는 모세와 아론을 통해 이스라엘 백성에게만 주어집니다(11장 참조). 파라오에게 이 재앙에 대한 예고가 주어지지 않은 이유는 그 이전 단락을 통해 짐작해 볼 수 있습니다. 파라오는 모세의 얼굴을 다시 보게 되는 날 그를 죽여 버리겠노라고 협박하였고, 모세는 앞으로 그런 일은 없을 것이라고 말하며 파라오의 곁을 떠났습니다(10,28-29). 따라서 열 번째 재앙은 사전 예고 없이 일어날 것입니다. 그런데 이 재앙이 발생하였다는 이야기는 12,28까지 지연되었다가 12,29-30에서 아주 간략하게 보도됩니다. 한밤중에 파라오의 맏아들부터 감옥에 있는 포로의 맏아들과 짐승의 맏배까지 이집트 땅의 모든 맏아들과 맏배가 죽임을 당하고 맙니다. 그제야 파라오는 그날 밤 모세와 아론을 불러 이스라엘 백성이 이집트 땅을 떠나도록 허락합니다(12,31).

그렇다면 열 번째 재앙을 미리 통보받은 이스라엘 백성은 재앙이 발생하는 동안 무엇을 하고 있었을까요? 12,1-28이 그 사이에 일어난 일을 알려 줍니다. 이스라엘 백성은 처음으로 그날 밤에 파스카 축제를 지냈습니다. 모세는 주님의 말씀에 따라 이집트의 모든 맏아들과 맏배가 죽임을 당하는 동안 이스라엘이 지내야 할 전례를 설명하고(12,1-27), 이스라엘 백성은 주님께서 모세와 아론에게 명령하신 대로 전례를 지냅니다(12,28).

이스라엘 백성은 하느님께서 모세와 아론을 통하여 말씀하신 대로 첫째 달[9] 열흘째 되는 날에 일 년 된 양이나 염소 가운데 흠 없는 수컷을 따로 골라 두었다가, 이집트를 떠나기 전날 저녁, 곧 열나흘째 되는 날 저녁 어스름에 잡아 그 피를 받아서 짐승을 먹을 집의 두 문설주와 상인방에 발랐습니다. 그리고 그날 밤에 불에 구워 익힌 그 짐승의 고기를 누룩 없는 빵과 쓴나물을 곁들여 먹었습니다. 다 먹고도 남은 것이 있다면 그것은 불에 태워 버렸습니다. 이 음식을 먹을 때는 허리에 띠를 매었으며, 발에는 신을 신고 손에는 지팡이를 쥔 채 서둘러 먹었습니다. 이 밤이 새기 전에 이집트 땅을 떠나게 될 것이기 때문입니다.

이제 이스라엘은 이집트의 종살이로부터 자신들을 구원

---

[9] 바빌론의 달력을 따르면 이 첫째 달은 니산 달로 우리의 3~4월에 해당합니다. 이 달의 옛 이름은 히브리어로 아빕 달인데 '보리 이삭'을 의미합니다. 이스라엘이 이집트를 떠난 때가 아빕 달이었다고 나옵니다(13,4).

해 주신 주님의 구원 업적을 해마다 기념하고 이 예식을 행할 것입니다. 이 예식은 '주님을 위한 파스카 제사이며, 주님께서 이집트인들을 치실 때, 이스라엘 자손들의 집을 거르고 지나가시어, 그들의 집들을 구해 주셨음을 기념하는 예식입니다'(12,27). 이 예식을 지낼 때마다 그들은 밤을 새우게 될 것입니다. 그들이 430년 만에 이집트를 떠나는 날 밤, 주님께서 밤새 이스라엘을 이집트에서 이끌어 내셨기 때문입니다(12,40-42). 실제로 정통 유다교 가정에서는 파스카 예식을 지낼 때 하느님께서 그들을 위하여 해 주신 놀라운 구원의 업적에 대해 토론하며 밤을 지새웁니다.

파스카 예식이 이스라엘 공동체에서 중요한 위치를 차지하게 되었기에 이 예식에 참여한다는 것은 곧 이스라엘 공동체의 일원이 되었음을 의미하였습니다. 그래서 유배 후에 첨부되었을 것으로 여겨지는 12,43-49은 이 파스카 예식에 참여할 수 있는 사람을 규정합니다. 이 규정에 따르면, 외국인은 누구도 파스카 예식에 참여할 수 없으며, 할례를 받은 이들만이 이 예식에 참여할 수 있습니다.

이어서 이스라엘의 옛 관습인 맏아들과 맏배를 봉헌하는 것(13,1-2.11-16)과 누룩 없는 빵의 축제(12,15-20; 13,3-10)의 기원도 이집트 탈출 사건과 연결됩니다. 맏아들과 맏배를 봉헌하는 것은 주님께서 이집트 땅에서 사람의 맏아들부터 짐승의 맏배까지 모조리 치신 사건을 기억하기 위함이며, 원래 농민들의 축제였던 누룩 없는 빵의 축제, 곧 무교절 또한 이집트 탈출을 기념하기 위해 지내는 것으로 설명합니다. 이처럼 일상적인 절기와 관습들이 구세사와 연결됨으로써 이스라엘 사람들의 일상은 하느님의 구원 사건을 지속적으로 기념하고 기억하는 시간과 공간이 됩니다.

이 본문과 우리 삶은 어떻게 연결될까요? 이 본문이 어떤 면에서 우리의 거울이 될 수 있을까요? 탈출기 저자가 하느님의 결정적인 승리를 가져오게 될 열 번째 재앙에 대한 이야기와 파스카 축제에 관한 이야기를 연결하여 보도하는 방식은 여러 면에서 신앙인들에게 시사하는 바가 큽니다. 우선, 이스라엘이 이집트 종살이로부터 해방되는 과정에서 이스라엘이 한 일이 무엇이었는지에 주목할 필요가 있습니다.

성경 본문에 따르면 이스라엘 백성은 그들을 억압하고 있는 힘으로부터 벗어나기 위하여 그 힘과 직접 대결하지 않았습니다. 폭력을 쓰지도 않았습니다. 이집트인들의 맏아들과 맏배가 죽임을 당하는 일에 이스라엘이 전혀 관여하지 않았음을 강조하기 위하여, 성경 저자는 이스라엘이 그 시간에 파스카 축제를 지냈노라고 보도합니다. 그들의 자유를 억압하는 악한 힘에 대한 심판은 전적으로 하느님께서 하신 일이었습니다. 이것이 이스라엘의 깊은 신앙고백입니다. 해방을 가져오신 분은 하느님이시지 자신들의 노력으로 해방이 오지 않았음을 이스라엘은 대대손손 고백하여 왔습니다. 그렇다고 그들이 뒷짐 지고 하느님께서 모든 것을 하시도록 방관한 것은 아닙니다. 그들은 파스카 축제, 곧 전례 의식 전체가 하느님을 향하도록 깨어 있었습니다. 참된 힘의 주인이신 하느님을 우러러보며, 거짓 힘의 영향력에 패배하지 않도록 자신들의 의식을 고양하였습니다. 그리고 하느님께서 가져다주실 해방을 한마음으로 고대하였습니다.

우리는 자유인이지만 모두가 다 온전히 자유롭지는 않습니다. 이스라엘 백성이 이집트인들의 종이었다면, 우리는 생명을 해치는 악한 습관이나 중독, 자유를 옭아매는 피해 의식이나 열등감, 애정 결핍과 지나친 경쟁의식 등에 사로잡혀 있는 종일 수 있습니다. 여기에서 벗어나는 첫걸음은 자신이 종의 처지에 있음을 아는 것입니다. 그것을 알게 될 때 비로소 그 처지에서 벗어나려는 원의를 갖게 됩니다. 그런데 어떻게 이 종살이에서 해방이 가능할까요?

우리는 이스라엘 백성의 체험에서 이 질문에 대한 답을 발견할 수 있습니다. 이스라엘 백성이 이집트 종살이에서 해방된 것은 그들이 노력한 결과가 아니었다는 사실에 주목할 필요가 있습니다. 우리의 궁극적인 해방도 어쩌면 우리의 노력으로 이루어지는 것이 아닐지 모릅니다. 이스라엘 백성은 이집트에서 고된 노역으로 고통을 겪을 때 하느님께 울부짖었습니다. 그리고 그들의 울부짖음은 헛되지 않았습니다. 가엾은 이의 부르짖음을 결코 외면하지 못하시는 하느님께서 그들이 원하고 바라는 대로 파라오의 억압에서 마침내 해방될 수 있도록 이끌어 주셨습니다. 우리의 해방도 그렇게 이루어지지 않을까요? 우리를 구속하는 것이 무엇이든 그것에서 해방되고 싶은 간절한 원의를 품고, 그 원의를 들어주실 수 있는 분께 말씀드리는 것에서부터 해방은 시작되지 않을까요?

이스라엘은 구원과 해방이 이루어지는 그 밤에 잠들지 않고 깨어 있으면서 해방을 가능하게 하실 하느님을 바라보며, 그분이 가져다주실 해방을 고대하였습니다. 우리의 해방도 우리가 참된 자유인이 되기를 바라고 희망하시는 하느님의 원의와 우리의 원의가 하나로 합쳐질 때 이루어질 것입니다.

하느님은 우리에게 죽을힘을 다하여 지금의 종살이로부터 벗어나라고 명령하시는 대신, 그 종살이로부터 벗어나고 싶으냐고 물으십니다. 그리고 우리가 당신이 건네시는 손을 마주 잡기를 기다리고 계십니다. 12장의 거울은 우리를 향해 손을 내뻗으시는 하느님을 비추어 줍니다.

아홉 번째 여정의 쉼터는 한밤중 파스카 축제를 지내는 어느 이스라엘 가정의 큰 방에 마련하였습니다. 파스카 축제를 지내는 그 가정에서 울려 나오는 소리를 귓전으로 들으면서 우리 역시 그날의 분위기에 취해 보고자 합니다. 이 방의 한쪽 벽에 탈출기 12장의 거울이 걸려 있습니다. 그 거울 속에는 우리를 향해 구원의 손길을 내미는 하느님이 계십니다. 그리고 그 거울 앞에는 우리를 자유롭지 못하게 묶고 있는 끈들로부터 벗어나길 원하는 우리가 서 있습니다. 지금 우리는 그분에게서 어느 정도 떨어져 있습니까? 묶여 있는 내 모습을 보고 싶지 않아 가능한 한 거울로부터 멀리 도망치려 합니까? 나를 묶고 있는 몇 겹의 사슬 때문에 절망한 채로 자포자기하고 있습니까? "주님, 저를 풀어 주시고, 제 손을 잡아 주십시오"라고 간절히 외치고 있습니까? 주님께서 내미시는 그 손을 마주 잡을 수 있다면, 우리가 모두 그럴 수 있다면, 그럴 수만 있다면 참 좋겠습니다.

10

신앙의 위기 앞에서

성경에서 열이라는 숫자가 새로운 시대의 도래를 알리기 위해 사용되는 경우가 있습니다. 예를 들어 창세기에서 활용되는 족보가 그렇습니다. 아담에서 노아에 이르는 열 세대 족보(창세 5장)는 홍수 이전 시대를 가리키며, 새로운 시대의 도래를 알립니다. 셈에서 아브라함에 이르는 열 세대 족보(창세 11장)는 홍수 이후 시대를 가리키며, 이스라엘이 등장할 시대를 열어 줍니다. 우리의 열 번째 여정 또한 그런 기능을 가지고 있습니다. 이 여정에서 드디어 우리는 이집트 땅을 떠나게 됩니다. 이스라엘 백성도 도저히 끝날 것 같지 않았던 지난한 이집트 종살이를 뒤로 하고 해방을 향한 여정을 시작합니다.

이 여정에서 우리는 매우 다채로운 풍광을 만나게 될 것입니다. 뿐만 아니라 매우 극적인 장면들도 만날 것입니다. 어느 것 하나도 놓치지 않도록 주의하면서 주변을 세심하게 둘러보시기 바랍니다. 왜냐하면 이 여정에서 만나는 모든 것이 우리에게 질문을 던질 것이기 때문입니다. '과연 믿음으로 산다는 것은 어떻게 사는 것을 의미하는가?' 이 질문에 대한 답 또한 이 여정에서 발견할 수 있습니다. 이집트를 떠나 갈대 바다를 건너게 된 이스라엘 백성의 여정을 찬찬히 살펴보면 믿음으로 사는 삶이 어떠한 것인지 잘 드러나 있습니다.

이스라엘 백성은 마침내 이집트를 떠나 약속의 땅을 향해 가는 여정을 시작합니다(13,17). 그런데 그들은 지름길을 선택하지 않습니다. 지름길은 빨리 갈 수 있는 대신 그만큼 위험 부담이 크기 때문입니다. 필리스티아인들의 땅을 지나는 지름길은 군사 도로여서 이집트인들이 추격해 오면 이스라엘은 피신할 곳이 없게 됩니다.[10] 그래서 성경 저자는, 이스라

10_ 모세가 이스라엘 백성을 이끌고 나올 무렵에는 아직 필리스티아인들이 가나안 땅에 들어오지 않았습니다. 따라서 "필리스티아인들의 땅을 지나는

엘 백성이 닥쳐올 전쟁을 두려워하여 이집트로 돌아갈 마음을 품을까 봐 하느님께서 그들을 광야 길로 인도하셨다고 설명합니다(13,17). 이유야 어찌되었든 이스라엘은 지름길 대신 광야 길을 선택하여 길을 떠납니다. 이스라엘 백성은 거칠고 험한 광야에서 많은 시련을 겪게 될 것입니다. 그렇다고 해서 광야가 나쁘기만 한 곳은 아닙니다. 광야에서 이스라엘 백성의 신앙은 성숙해질 것입니다. 광야는 주님의 현존과 보호를 체험하는 곳이기 때문입니다. 이집트를 떠나 약속의 땅을 향한 여정에 들어선 이스라엘 백성을 주님은 홀로 버려두지 않으십니다. 하느님은 그들이 어둔 밤길을 걸을 때면 불기둥으로 길을 밝혀 주셨고 광야의 뜨거운 모래밭을 걸을 때면 구름기둥으로 그늘을 만들어 주셨습니다. 이렇게 하느님은 잠시도 이스라엘 백성 곁을 떠나지 않으셨습니다(13,22).

　이와 같이 신앙의 여정은 우리와 함께하시는 하느님을 알아 가고, 그분의 현존을 누리고, 그 현존 안에서 사는 법을 배우는 여정이라고 할 수 있습니다. 그래서 믿음으로 산다는

길"(13,17)이라는 표현은 이집트 탈출 시기보다 훨씬 더 후대에 살았던 저자가 사용한 것입니다.

것은 우리와 함께하시면서 우리의 필요를 채워 주시는 하느님의 사랑을 체험하고 알고 믿는 것입니다. 이 믿음은 하느님의 사랑이 현실적으로 느껴지지 않는 순간에도, 하느님의 현존을 의심하게 되는 순간에도 하느님을 신뢰할 수 있도록 우리를 이끌어 줍니다. 이스라엘 백성도 광야로 들어선 여정에서 이것을 경험하였습니다.

그런데 이렇게 신앙이 성숙하는 과정은 시련 없이 이루어지지 않습니다. 이스라엘 백성이 구름 기둥과 불기둥으로 늘 함께하시는 하느님의 현존 속에 살았다고 하여도 그들에게 어떤 시련이나 위험도 닥치지 않았던 것은 아닙니다. 왜 그럴까요? 왜 하느님은 우리의 인생길에서 고난과 고통을 송두리째 없애 주시지 않을까요? 하느님의 현존은 우리의 삶에서 모든 위험을 제거해 주시는 것이 아니라 인생에서 누구나 경험할 수밖에 없는 시련과 위험을 어떻게 이겨 내야 하는지를 가르쳐 주시는 것 같습니다. 시련과 어려움은 우리 인생에서 치워 버려야 할 장애물이 아니라 참된 성장과 성숙에 이르게 하는 디딤돌임을 알려 주시는 것 같습니다.

이집트를 떠난 이스라엘 백성은 곧바로 큰 시련을 겪게 됩니다. 이스라엘 백성이 이집트 땅을 떠난 후 다시 마음을 바꾼 파라오는 병거 육백 대에 이르는 정예 부대와, 군관이 이끄는 이집트의 모든 병거를 거느리고 이스라엘 백성의 뒤를 쫓습니다. 피 하히롯 근처 바닷가에 진을 치고 있던 이스라엘 백성은 뒤쫓아 오는 파라오의 병거 소리를 듣고 혼비백산합니다. 앞에는 넘실거리는 바닷물이, 뒤로는 추격해 오는 파라오의 병거 소리와 말발굽 소리가 그들을 극도의 공포로 밀어 넣습니다. 그들은 두려움에 가득 차서 주님을 원망하고, 이 모든 탓을 모세에게 돌립니다. 그들은 자신들을 이렇게 죽게 하려고 이집트에서 끌고 나왔느냐고 모세에게 따집니다. 이렇게 죽으니 차라리 이집트인들을 섬기겠노라고 말합니다. 모세가 어렵사리 이루어 낸 모든 일이 결국에는 그들에게 아무 의미도 없는 일이었던 것 같습니다. 이스라엘 백성은 그들을 놀라운 기적으로 파라오의 손아귀에서 구해 내신 하느님의 큰 권능을 체험하고도 그 체험과 현재의 위기를 연결 짓지 못합니다. 그들을 구해 내신 하느님께서 또 그들을 구해 내실 수 있음을 믿지 못합니다. 그들은 이 위기를 통하여 한 차원 더 깊은 믿음에 이르게 될 것입니다.

이를 위해서는 신앙 깊은 지도자가 필요합니다. 만약 여러분이 모세의 자리에 있었다면 이 위기를 어떻게 극복하였겠습니까? 인명 피해를 최대한 줄이기 위하여 차라리 파라오에게 항복하고, 이스라엘 백성을 다시 이집트로 돌아가게 하겠습니까? 앞에는 바다가 펼쳐져 있고, 뒤에는 파라오의 군대가 추격해 오니 인간적으로 보면 아무 대안이 없는 듯합니다. 그런데 모세는 이스라엘을 이집트의 종살이에서 해방시키신 하느님께는 대안이 있음을 믿습니다. 그 대안이 구체적으로 어떤 것인지는 알지 못하였지만, 그는 하느님의 약속이 헛되지 않을 것임을 굳건히 믿습니다. 그래서 모세는 이스라엘 백성에게 놀라운 명령을 내립니다. "두려워하지들 마라. 똑바로 서서 오늘 주님께서 너희를 위하여 이루실 구원을 보아라. … 주님께서 너희를 위하여 싸워 주실 터이니, 너희는 잠자코 있기만 하여라"(14,13-14). 두려움으로 안절부절못하는 이스라엘 백성에게 가만히 있으라고 합니다. 두려움 때문에 마비되지 말고 하느님을 신뢰하며 마음을 굳건히 하라고 말합니다. 신앙이 흔들리는 이들에게 신앙으로 굳건히 서라고 권고합니다.

그리고 모세는 시선을 하느님께 고정합니다. 그런 후 하느님의 말씀대로 바다를 향해 지팡이를 내뻗습니다.[11] 그러자

---

[11]_ 14,15-31을 주의 깊게 읽어 보면 하느님께서 일으키신 기적에 대하여 서로 다

바다가 갈라지고 마른 땅이 드러납니다. 이스라엘 백성은 그 마른 땅을 향해 걸어 들어갑니다. 인간으로서는 도저히 생각할 수 없는 길이 열린 것입니다. 그 길로 들어서는 이스라엘 백성의 마음은 하느님의 크고 놀라우신 사랑 앞에서 환희와 경외로 가득 찼을 것입니다. 절체절명의 위기 앞에서 이스라엘 백성은 하느님의 기적을 체험하였고, 믿음으로 산다는 것의 한층 더 깊은 차원을 배웠습니다. 하느님이 계시지 않는다고 느껴질 때라도, 그분이 멀리 계시다고 생각될 때라도 하느님의 구원 의지는 흔들리지 않음을 이스라엘은 알게 되었습니다. 그리고 언제든 그 사랑에 의지할 수 있음도 깨닫게 되었습니다. 이제 그들은 하느님을 조상들의 하느님만이 아니라 자신들의 하느님으로 고백하게 되었습니다. 이 체험으로

른 두 가지 이야기가 섞여 있다는 사실을 발견할 수 있습니다. 첫 번째 이야기 (14,15-18.21ㄱ.22-23.26-27ㄱ.28-29)는 우리가 잘 알고 있는 대로 모세가 손을 뻗어 바다를 둘로 가르고 백성은 마른 땅을 걸어서 간다는 이야기입니다. 이 이야기보다 더 오래된 것으로 보이는 두 번째 이야기(14,19-20.21ㄴ.24-25.27ㄴ.30-31)에 따르면, 모세가 손을 뻗자 물이 갈라진 것이 아니라 하느님께서 밤새도록 동풍을 불게 하시어 바다를 마른 땅으로 만드셨으며, 날이 새자 이 물이 제자리로 돌아가면서 이집트인들을 덮쳐 죽음으로 몰아넣습니다.

인하여 이스라엘 백성은 이제 신앙의 백성으로 다시 나게 된 것입니다.

열 번째 여정의 쉼터는 갈대 바다 건너편에 마련하였습니다. 바다가 갈라져 드러난 마른 땅을 건너며 우리는 목이 터져라 주님의 권능을 찬양하는 노래를 불렀습니다. 이제 두 다리를 뻗고 쉬면서, 우리가 경험하였지만 아직도 믿기지 않는 이 사건을 거울삼아 우리 자신의 모습을 비추어 보고자 합니다. 특히 평소 신앙인으로서 우리가 어떤 자세로 살고 있는지를 돌아보려 합니다. 일상생활에서 구름 기둥, 불기둥으로 우리와 함께하시는 하느님을 체험합니까? 시련이 닥치면 곧바로 하느님의 사랑을 의심하며, 하느님을 대신할 존재들을 찾고 의존하려 하지 않습니까? 시련이나 위기가 더 깊은 신앙으로 이끄는 하느님의 초대장임을 알아볼 수 있습니까? 곤란과 어려움 한가운데에서 하느님을 신뢰하며 기다릴 수 있습니까? 모세와 이스라엘 백성처럼 진퇴양난의 위기에 처한다면 어떤 선택을 하겠습니까? 이 거울 앞에서 겸손하게 사도들처럼 기도해 보십시오. "주님, 저희에게 믿음을 더하여 주십시오"(루카 17,5). 혹은 간질병 걸린 아이의 아버지처럼 기도해 보십시오. "주님, 믿음이 없는 저를 도와주십시오"(마르 9,24).

11

"주님의 업적을 잊지 마라"

열한 번째 여정은 갈대 바다를 걸어서 건넌 후 아직 수르 광야로 들어서기 전, 광야 언저리에서 이루어집니다. 하느님께서 행하신 엄청난 기적을 경험한 이스라엘 백성은 아직은 벅찬 가슴을 진정시키지 못하였습니다. 그들은 갈대 바다 앞에서 과연 하느님께는 불가능이 없음을, 그 말씀이 그냥 말뿐이 아니라 있는 그대로의 사실임을 온몸으로 직접 겪었습니다. 인간적으로는 도저히 벗어날 수 없는 진퇴양난 앞에서, 모든 가능성이 차단된 듯한 위기 앞에서 이스라엘은 하느님께서 열어 주시는 새로운 가능성을 체험하였고, 그 체험으로 인하여 그들의 가슴은 환희로 터질 듯하였습니다.

15장에서 소개되는 모세의 노래에는 바로 그 환희가 생생하게 담겨 있습니다. 모세는 백성을 대표하여 구원의 하느님을 노래합니다. 바다를 갈라 마른 땅으로 인도해 주신 하느님의 크신 위력을 찬미합니다. 모세의 노래 14-15절은 하느님의 기적이 주변 민족들에 미친 영향을 이야기합니다. "민족들이 듣고 떨었으며 필리스티아 주민들은 고통에 사로잡혔습니다. 에돔의 족장들이 질겁하고 모압의 수령들이 전율에 사로잡혔으며, 가나안의 모든 주민이 불안에 떨었습니다." 그런데 이 노래에는 필리스티아 주민들이 등장하므로 모세 당대에 지어졌다고 보기는 어렵습니다. 왜냐하면 필리스티아인들은 이스라엘이 이집트 땅을 떠난 때보다 훨씬 뒤인 기원전 13세기 말이나 기원전 12세기 초에 가나안 땅에 정착하므로, 적어도 필리스티아인들이 가나안 땅에 정착한 이후의 시기를 알고 있는 사람이라야 이 노래를 쓸 수 있기 때문입니다.

그렇다면 왜 성경 저자는 바다의 기적 사건(14장) 뒤에 모세의 노래(15장)를 두었을까요? 이 사실은 우리에게 중요한 메시지를 전달합니다. 이와 똑같은 방식으로 '이야기'와 '노래'를 연결해 놓은 곳이 또 있습니다. 판관기 4장과 5장입니다. 여자 판관 드보라가 바락 장군과 함께 이스라엘을 가나안 임금의 압제에서 건져 낸 이야기(판관 4장) 뒤에 드보라의 노래(판관 5장)가 나옵니다. 모세의 노래도, 드보라의 노래도 모두 하느님께서 이스라엘에 이루어주신 구원 업적을 기억하기 위하여 만들어진 것입니다.[12] 그들은 하느님께서 이스라엘의 구체적인 역사 현장에서 그들과 함께하셨으며, 그들을 위기에서 구출해 주셨음을 잊지 않고 기억하고자 하였습니다. 지금도 유다인들은 매일 아침기도 때마다 모세의 노래를 부릅니다.

하느님께서 갈대 바다에서 일으키신 기적이 탈출 15장에서만 찬미되는 것은 아닙니다. 역사 시편에 속하는 시편 78편 11-14절, 그리고 42-54절을 천천히 읽어 보십시오. 이 시편 또한 하느님께서 어떻게 이스라엘을 이집트 땅의 종살이에서 이끌어 내셨는지, 그리고 그들을 가로막는 바다 앞에서 어떻게 그들을 인도하셨는지에 대해 노래합니다. 이 노래들을 부르고 들을 때마다 이스라엘은 자신들을 구원하신 하느님의

---

[12]_ 오랫동안 이 두 노래는 구약성경에서 가장 오래된 본문으로 여겨졌습니다. 그러나 최근의 학자들은 결코 그렇게 볼 수 없다는 주장을 계속해서 제기하고 있습니다.

업적을 기억할 수 있습니다. 이로부터 우리는 신앙에서 기억이 얼마나 중요한 위치를 차지하는지 알 수 있습니다.

이스라엘 백성은 왜 하느님의 구원 업적을 대대손손 노래하며 기억하고자 했을까요? 하느님께서 그들에게 감사를 요구하셨기 때문일까요? 하느님께서 당신이 하신 일을 그들이 알아주기를 원하셨기 때문일까요? 그럴 수도 있겠지만 이스라엘의 기억은 무엇보다 그들 자신의 신앙을 굳건히 하기 위한 것이었습니다. 인생의 굴곡을 경험하면서 이스라엘은 하느님의 현존을 분명하게 체험한 때도 있었고, 그분의 현존을 체험하지 못한 채 과연 하느님께서 함께 계시기나 한 것인지 의심할 수밖에 없는 상황도 겪었습니다. 이처럼 하느님의 현존이 의심스럽게 여겨지는 때에 하느님의 구원 업적을 기억하는 일은 어려움 가운데서 인내하며 주님의 도움을 기다릴 수 있는 굳건한 믿음의 밑거름이 되어 줍니다. 하느님께서 과거에 베풀어 주셨던 구원의 은혜를 기억하면 오늘, 그리고 내일도 하느님께서 여전히 우리를 돌보실 것이라는 믿음이 자라납니다. 이 믿음은 하느님께서 계시지 않는 것처럼 여겨지는 어둠의 골짜기를 지나는 순간에도 우리 발걸음이 흔들리지 않도록 우리를 붙잡아 줍니다.

이 여정의 쉼터는, 미리암과 다른 여인들이 손북을 들고 춤을 추며 모세의 노래에 화답하는 광야 언저리의 한쪽 구석에 마련하였습니다. 그 구석 어딘가에 15장 말씀의 거울이 걸려 있습니다. 그 거울에는 하느님의 놀라운 구원 업적을 기억하려는 이스라엘 신앙 공동체의 모습이 담겨 있습니다. 하느님의 업적을 노래하는 이들은 우리도 함께 노래하자고 초대합니다. 그리고 우리 자신의 구원 역사를 돌아보라고 부추깁니다. 이 초대에 응하고자 합니다. 쉼터를 한 번 둘러보십시오. 등을 붙이고 앉을 수 있는 자리에 다리를 펴고 앉아 탈출 15장과 시편 78편을 천천히 읽어 보십시오. 그리고 그것에 비추어 하느님께서 내 삶에서 해 오신 일들을 떠올려 보시기 바랍니다. 그것을 바탕으로 여러분 자신의 고유한 구원의 노래를 지어 보시기 바랍니다. 하느님께서 여러분의 인생에 해 주신 업적을 기억하기 위하여 그분을 위한 여러분의 노래를 지어 보십시오. 인생의 온갖 위기에서 그분께서 어떻게 나를 지켜 주시고 돌보아 주셨는지를 기록해 보시기 바랍니다. 그리고 삶의 위기가 닥칠 때마다, 주님의 현존이 의심스러워지는 순간마다 그 노래를 다시 꺼내어 읽어 보시기 바랍니다. 그리고 여러분을 돌보아 주셨던 그 하느님께 다시 한번 여러분의 삶을 의탁해 보십시오. 믿음이 부족하다면 믿음을 더해 주시도록 청해 보십시오.

왜 이런 작업이 필요한지는 여러분이 더 잘 아실 것입니다. 생각보다 우리의 기억력은 오래가지 않습니다. 절대로 잊어버리지 않을 것 같은 일도 기억 저편으로 사라지곤 합니다. 이스라엘 백성의 역사에서 이 사실을 금방 확인해 볼 수 있습니다. 이 바닷가를 떠나 광야로 들어가 그곳의 척박한 환경과 마주하게 되면, 이스라엘은 바닷가에서의 기억을 송두리째 잊어버릴 것입니다. 이것이 우리의 모습이기도 합니다. 자, 이 쉼터에서는 좀 오래 머물러야 할 필요가 있겠지요? 이제부터 가야 할 여정은 결코 순탄하지 않을 것이며, 꽤 위험할 수도 있습니다. 필요한 만큼 충분히 재충전하는 시간을 가지시기 바랍니다.

12

광야에서 만난 하느님

열두 번째 여정에서는 광야로 들어섭니다. 첫 번째 마주하게 되는 광야는 수르 광야입니다. 언제 어디서나 푸른 초목을 볼 수 있는 우리가 광야를 상상하기란 쉽지 않습니다. 이집트를 떠난 이스라엘 백성이 지나가야 했던 광야는 가시나무와 같은 식물이 간간이 그 모습을 드러낼 뿐, 어디에서도 푸른 초목을 볼 수 없는 메마른 황무지입니다. 그러기에 광야는 굶주림과 목마름, 죽음의 위협이 자리한 곳입니다.

구약성경은 이스라엘 백성의 광야 여정을 두 차례로 나누어 보도합니다. 첫 번째 광야 여정은 바다의 기적을 체험한 이스라엘 백성이 광야를 거쳐 시나이산에 이르는 여정으로, 탈출 15,22에서 시작되어 19,1에서 마무리됩니다. 우리는 이 여정을 '광야 여정 I'이라고 부르겠습니다. 이스라엘 백성은 시나이산에 이른 후에는 광야 여정을 계속하는 것이 아니라 그곳에서 1년 정도 체류하였다가 민수 10,11-13에 이르러서야 다시 길을 떠납니다. 이 두 번째 여정, 곧 시나이산을 떠나 가나안 땅이 마주 보이는 모압 평원에 이르는 여정을 '광야 여정 II'라고 부를 것입니다.

광야 여정 I과 II 사이에 시나이 계약이라는 중요한 사건이 일어납니다. 이 사건으로 인하여 두 번째 광야 여정을 떠나는 이스라엘 백성은 새로운 신원을 얻은, 달라진 존재가 됩니다. 그들은 이제 하느님과 계약을 맺은 '계약의 백성'이 될 것입니다. 성경 저자는 계약의 중요성과 그에 따라오는 의무를 강조하기 위하여 광야 여정 I과 II에 비슷한 사건들을 언급합니다.[13] 예를 들면 므리바의 물 사건과 메추라기의 기적은 두 여정에서 모두 일어납니다. 두 사건에서 백성의 반응은 조

13_ 므리바의 물 사건에 대해서는 탈출 17,1-7과 민수 20,2-13을, 메추라기 기적에 대해서는 탈출 16장과 민수 11장을 비교하여 읽어 보시기 바랍니다.

금도 다르지 않습니다. 그들은 한결같이 불평합니다. 하지만 그 불평에 대한 하느님의 응답이 두 여정에서 다르게 소개됩니다. 탈출기의 광야 여정과 민수기의 광야 여정을 비교하여 묵상해 보면, 성경 저자가 왜 이런 차이를 보이려고 하는지를 이해하실 수 있을 것입니다.

광야 여정에 대한 이야기에서 빠짐없이 등장하는 단어가 '불평'과 '시험'입니다. 이스라엘 백성은 이 신앙의 여정을 걸으면서 시련을 만날 때마다 불평으로 반응합니다. 광야의 고된 현실에 대한 불평과 지난날 이집트에서의 삶에 대한 헛된 동경은 하느님께 대한 반역으로 이어지기도 하였습니다. 하지만 광야가 그저 힘든 곳이기만 한 것은 아닙니다. 하느님은 절대로 우리를 무의미한 고통으로 이끄시지 않습니다. 광야 여정은 이스라엘 백성에게 신앙으로 사는 법을 익히는 배움의 시기이자, 믿음의 정도를 확인하는 시험의 시기였습니다. 모세도 이 광야 여정을 돌아보며 이스라엘 백성에게 이렇게 말하였습니다. "너희는 이 사십 년 동안 광야에서 주 너희 하느님께서 너희를 인도하신 모든 길을 기억하여라. 그것은 너희를 낮추시고, 너희가 당신의 계명을 지키는지 지키지 않는지 너희 마음속을 알아보시려고 너희를 시험하신 것이다"(신명 8,2).

광야로 들어서는 여정을 준비하는 데 시간이 조금 걸렸습니다. 힘든 일을 시작하려면 그만큼 각오를 단단히 해야 되기 때문입니다. 이제 우리도 바다를 건넌 후 수르 광야로 들어서며 광야 여정을 시작하는(15,22) 이스라엘 백성의 뒤를 따라 나섭시다. 이스라엘 백성은 수르 광야에서 사흘 길을 걸었습니다. 그러나 도중에 오아시스를 만나지 못해 심한 갈증을 느끼기 시작했습니다. 마침내 마라라는 곳에 이르러 물을 만나기는 하였습니다. 하지만 그곳의 물은 써서 마실 수가 없었습니다. 목은 타들어 가는데 눈앞에 물을 보고도 마실 수 없는 그 심정은 오죽했겠습니까? 이스라엘 백성은 이 위기 앞에서 모세에게 불평합니다. "우리가 무엇을 마셔야 한단 말이오?"(15,24) 자신들을 돌보아 주시는 하느님께서 자신들을 위하여 무엇인가를 하실 수 있다는 생각을 그들은 하지 못합니다. 그들은 벌써 하느님의 구원 업적을 잊고 만 것입니다. 모세만이 하느님을 기억하고 기도드립니다. 그리고 모세는 주님께서 기도 가운데 보여 주신 나뭇가지를 그 쓴물에 던져 단물이 되게 합니다. 그리하여 백성은 목마름을 달랠 수 있었습니다.

이스라엘 백성이 하느님에 대한 흔들리지 않는 믿음과 신뢰를 갖기 위해서는 구원 체험을 더 많이 해야 했습니다. 그들의 약한 믿음을 모르시지 않는 하느님은 시나이산에 이르기 전 광야 여정 초반에 한결같은 사랑으로 그들을 이끌어 주실 것입니다. 그래서 이스라엘은 이 시기에 자신들이 만난 하느님을 '낫게 하시는 하느님' 곧 '의사이신 하느님'이라고 불렀습니다(15,26). 여러분이 지금까지의 인생에서 만난 하느님은 어떤 분이십니까? 여러분은 그분께 어떤 이름을 붙여 드리겠습니까?[14]

이스라엘 백성은 마라를 거쳐서 수르 광야 끝자락에 있는 엘림이라는 곳에 이르게 됩니다. 이곳은 큰 오아시스라 샘이 열두 개나 있고 큰 야자나무가 일흔 그루나 있었습니다. 이스라엘 백성은 오랜만에 편안한 휴식을 취하면서 기운을 회복하여 다음 여정을 나설 수 있었습니다.

이집트를 떠난 지 한 달쯤 되었을 때, 이스라엘 백성은 엘

14_ 세상의 어떤 이름도 하느님을 담기에는 부족합니다. 하지만, 사람들이 이름을 교환하면서 인격적인 만남을 시작하는 것처럼, 내가 만난 하느님께 이름을 붙이는 일은 그분과의 인격적인 만남을 한층 구체화하는 데 도움이 됩니다.

림과 시나이산 사이에 위치한 신 광야에 도착합니다. 이제는 이집트를 떠날 때 가져온 식량도 다 떨어지고 말았습니다. 굶주림에 시달리기 시작한 이스라엘 백성은 길 떠날 때의 각오나 희망은 다 잊어버리고 견딜 수 없는 현실의 어려움에 대해 불평하기 시작합니다. 그리고 그들을 데리고 나온 모세와 아론을 원망합니다. "당신들은 이 무리를 모조리 굶겨 죽이려고, 우리를 이 광야로 끌고 왔소?"(16,3) 감당할 수 없는 현실 앞에서 인간은 과거에 대한 향수를 품기 마련입니다. 이스리엘 백성은 비참하고 힘겨웠지만 적어도 굶주림은 없었던 이집트의 종살이를 차라리 그리워합니다. "아, 우리가 고기 냄비 곁에 앉아 빵을 배불리 먹던 그때!"(16,3)

하느님은 불평하는 이스라엘 백성을 어떻게 대하십니까? 그들의 불평에 실망하여 당신의 선택을 후회하십니까? 또는 이스라엘 백성을 약속의 땅으로 데려가시려는 계획을 포기하십니까? 하느님은 이렇게 불평하는 이스라엘 백성을 전혀 탓하지 않으십니다. 그들의 불평을 들으신 후, 그들이 바라는 대로 손수 먹을 것을 마련해 주십니다. 그들이 배불리 먹을 수 있도록 저녁에는 메추라기 떼를, 아침에는 만나를 보내 주십니다(16장). 이렇게 하여 당신을 이스라엘 백성의 필요와 원의를 채워 주시는 분으로 드러내십니다. 이스라엘 백성은 광야 여정을 통하여 하느님이 어떤 분이신지를 배우게 될 것입니다. 이집트 땅에서 하느님께서 일으키셨던 열 가지 재앙과 바다의 기적을 체험한 바 있지만, 이제 그들은 광야 여정을 통하여 하느님께서 어떻게 그들과 구체적으로 함께하시는지를 배우게 될 것입니다. 그들은 수르 광야에서 그들의 목마름을 채워 주시는 하느님을, 신 광야에서는 그들의 굶주림을 채워 주시는 하느님을 체험하였습니다.

이스라엘 백성을 광야로 초대하신 하느님은 그들의 필요를 채워 주실 뿐만 아니라 그들이 광야라는 학교에서 당신을 신뢰하며 사는 법을 배우기를 원하십니다. 하느님을 신뢰하는 정도는 하느님 말씀에 대한 충실성으로 드러납니다. 하느님께서 매일 그들에게 만나를 풍족하게 내려주시지만 그것은 다음 날을 위해 남겨 둘 수 있는 식량이 아니며, 안식일에는 내리지 않았습니다. 하느님은 언제든 이스라엘의 필요를 채워 주시는 분이지만 그들이 욕구의 노예가 아니라 당신의 말씀에 순종하기 위하여 욕구를 길들이는 법을 배우기를 원하셨습니다. 그렇기에 광야 여정은 이스라엘 백성에게 시험의 시기이기도 하였습니다. "나는 이 백성이 나의 지시를 따르는

지 따르지 않는지 시험해 보겠다"(16,4). 이 시험은 하느님을 위하여 필요한 것이 아니라 이스라엘 백성이 자기 믿음의 정도를 알게 하는 시험입니다. 학창 시절에 보았던 시험이 선생님을 위한 것이 아니라 학생의 학습 정도를 확인하기 위한 시험인 것과 마찬가지입니다.

  한편 모세는 불평하는 이스라엘 백성에게 분명히 말합니다. "너희는 우리가 아니라 주님께 불평한 것이다"(16,8). 이스라엘 백성은 자신들이 왜 광야 여정을 걷고 있는지 분명하게 인식할 필요가 있습니다. 모세나 아론 때문이 아니라 그들의 울부짖음을 듣고 그들을 구원하시려는 하느님의 원의에 따라 지금 이 길을 걷고 있음을 알아야 합니다. 우리의 인생이 또한 그렇지 않습니까? 나는 다른 어떤 사람 때문에 내 인생을 살고 있지 않습니다. 우리 각자의 인생은 하느님의 원대한 계획 안에서 펼쳐지고 있는 것입니다. 우여곡절을 겪으며 굽어 돌아가는 것처럼 보이는 인생이라 할지라도, 그 인생이 하느님의 손 안에 있음을 굳게 믿습니까? 하느님께서 내 인생을 인도하고 계심을 확신합니까? 이런 확신을 가진 이들은 광야 여정을 통하여 더욱 단단해진 믿음을 갖게 될 것입니다. 광야 여정이 시련의 시간을 의미하지만 그 어느 때보다 깊이 하느님의 사랑을 체험하는 시기이기도 합니다. 이스라엘 백성은 오직 광야에서만 만나를 먹을 수 있었습니다. 그들이 요르단 강을 건넌 후 그 땅의 양식을 얻게 되자마자 만나는 더 이상 내려오지 않습니다(여호 5,12).

열두 번째 여정의 쉼터는 두 곳에 마련하였습니다. 여러분이 원하는 곳을 골라 쉬시면 되겠습니다. 첫 번째 쉼터는 물도 많고 야자나무 그늘도 있는 엘림에 마련하였고, 두 번째 쉼터는 신 광야의 한곳에 마련하였습니다. 아침이면 만나를 채취할 수 있고, 저녁이면 메추라기 고기를 맛볼 수 있는 곳입니다. 비록 광야이기는 하지만 그 광야에도 이렇게 한숨을 돌릴 수 있는 장소가 곳곳에 숨어 있기 마련입니다. 엘림의 쉼터에는 야자나무에다 15,22-27 말씀의 거울을 걸어 놓았습니다. 신 광야의 쉼터는 만나가 내리는 땅바닥에 16장 말씀의 거울을 놓아두었습니다. 어느 거울 앞에서든지 원하시는 만큼 시간을 보내시기 바랍니다. 15,22-27 말씀의 거울 앞에 서신 분들은 지나간 삶을 돌아보면서 여러분과 함께 그 여정을 줄

곧 걸어오셨던 하느님, 여러분이 만났던 하느님께 이름을 붙여 보십시오. 연인들은 서로에게 애칭을 지어 주고, 서로를 부를 때 둘만이 통하는 그 애칭으로 부르곤 합니다. 그 애칭이 다른 사람들에게는 무의미한 단어로 들릴 수 있겠지만 연인들에게는 사랑의 역사를 담고 있는 말입니다. 여러분이 여러분의 하느님께 붙여 드린 이름도 그러할 것입니다. 그 이름에는 여러분과 여러분의 하느님이 나눈 사랑의 역사가 고스란히 담겨 있을 것입니다.

16장의 거울 앞에 서신 분들도 있으시겠지요? 지금 혹시 여러분의 인생이 이스라엘 백성의 광야 여정과 같다고 느끼십니까? 아니면 광야와 같은 여정을 막 지나왔다고 생각하십니까? 또는 오래 전에 그런 여정을 겪으셨습니까? 모두 좋습니다. 이 거울 앞에 서신 분들은 광야에 있는 동안 맛보았던 '하느님의 양식', 곧 내가 먹었던 광야의 만나는 무엇이었는지 생각해 보십시오. 그 여정을 지나올 수 있도록 여러분에게 힘을 주었던 것, 용기를 북돋워 주었던 것, 무너지지 않고 버틸 수 있도록 버팀목이 되어 주었던 것들은 무엇인지 돌이켜 보시기 바랍니다. 그리고 그것을 잊지 않도록 잘 기록해 보시기 바랍니다. "나의 만나는 …이었다."

13

마싸와 므리바의 물

열세 번째 여정은 신 광야를 떠나서 르피딤으로 가는 여정입니다. 차츰 시나이산에 가까워지고 있습니다. 17,1-7은 르피딤에서 일어났던 사건에 대한 이야기입니다.

 이스라엘 백성은 주님의 말씀에 따라 신 광야를 떠나 르피딤이라는 곳에 진을 치게 되었습니다. 하지만 그곳에는 오아시스가 없었습니다. 가지고 있던 물이 다 떨어져서 목이 말랐던 백성에게는 가혹한 시련이었습니다. 이스라엘 백성은 모세에게 달려들어 물을 내놓으라고 외칩니다. 그리고 왜 그들을 이집트에서 데려 내왔느냐고 모세에게 불평합니다. 지금까지 하느님께서 베풀어 주신 모든 기적을 망각하고 또 이렇게 불평하는 이스라엘 백성을 누구도 쉽게 비난할 수 없습니다. 마실 물 이외에는 다른 것을 생각할 수도 없을 만큼 그들의 목마름이 다급했기 때문입니다. 그들은 죽음의 위기에 처했던 것입니다. 이 짧은 단락의 마지막 구절을 보면 백성은 이 위기 앞에서 하느님의 존재마저 의심하였던 것으로 보입니다. "주님께서 우리 가운데에 계시는가, 계시지 않는가?"(17,7)

모세는 자신에게 시비를 거는 백성에게 이렇게 말합니다. "어째서 나와 시비하려 하느냐?"(17,2) 모세의 이 말은 약속의 땅을 향한 여정에 대한 그들의 태도를 돌아보게 합니다. 왜 이스라엘 백성은 광야 여정에서 만난 어려움 앞에 모세와 시비하려 듭니까? 그들은 아직도 이 여정의 주인을 모세라고 생각하는 듯합니다. 그들은 여전히 모세를 따라나선 사람에 불과합니다. 여정의 주도권을 고스란히 모세에게 쥐어 주고, 그가 모든 것을 알아서 해 주기를 기대합니다. 모세의 말처럼 왜 백성은 모든 것을 모세에게 기대합니까? 과연 모세가 그들이 원하는 것을 줄 수 있는 존재입니까? 그가 이스라엘 백성이 걷는 여정의 모든 것을 책임져야 하고, 또 그럴 수 있는 존재입니까? 그들이 겪는 모든 어려움을 해결해 줄 수 있는 존재입니까?

이스라엘 백성이 모세에게 걸고 있는 기대는 여러 면에서 좌절될 수밖에 없습니다. 모세는 그들의 기대를 채워 줄 수 있는 존재가 아니기 때문입니다. 이것은 모세의 잘못이 아니라 채워질 수 없는 기대를 거는 자들의 잘못입니다. 그것만이 아닙니다. 이 여정은 모세의 것이 아니라 이스라엘 백성과 모세가 함께 걸어가는 여정입니다. 모세가 이 여정에 필요한 모든 것을 채워 주고 그들은 그저 따라가기만 하는 여정이 아니라, 함께 도전을 맞이하고 극복하며 나아가야 할 여정인 것입니다. 서로의 짐을 나누어서 져야 하는 여정이거늘, 내 짐마저 모세의 어깨 위에 올려놓는 형국이 되고 만다면 이런 여정은 오래가지 못할 것입니다.

사람들이 자신에게 온 기대를 걸고 있을 때 모세 역시 유혹을 느낄 수 있습니다. 곧 전능자가 되고 싶은 유혹, 백성의 요구를 다 들어주고 싶은 유혹 말입니다. 이런 유혹을 느낄 때 우리는 자신의 무능함이나 무력함을 견디기 어려워집니다. 혹은 헛된 약속으로 사람들을 속일 수도 있습니다. 그러나 모세는 이런 유혹에 빠지지 않습니다. 자신이 그렇게 될 수 있는 존재라고 착각하지도 않습니다. 그는 끝까지 하느님께 의탁하고, 하느님께로 향합니다. "이 백성에게 제가 무엇을 해야 합니까?"(17,4) 모세의 이런 모습을 통하여 백성은 누구를 향해야 하고, 누구를 바라보아야 하는지를 배우게 됩니다. 부모로서, 교사로서, 지도자로서 우리 모습은 어떠합니까? 모세처럼 자녀들이 하느님을 향하도록 안내합니까? 그들을 살게 하시는 분이 하느님이심을 분명하게 인식하도록 이끌어 줍니까? 아니면 모두가 나만 우러러보기를 바라고, 자신이 무엇이나 된 것처럼 보이려고 애씁니까?

하느님은 모세에게 이스라엘의 원로 몇 사람을 데리고 가서 주님이 서 계신 호렙의 바위를 지팡이로 치라고 명령하십니다. 그러면 그 바위에서 물이 터져 나와 백성이 마실 수 있게 될 것이라고 말씀하십니다. 성경에 따르면 모세는 하느님께서 말씀하신 대로 이스라엘의 원로들이 보는 앞에서 "그대로 하였습니다"(17,6). 바위를 지팡이로 치라는 하느님의 명령 앞에서 모세는 조금도 주저하지 않았습니다. '혹시라도 물이 나오지 않으면 어떻게 하지?' '그렇게 되면 백성은 나를 어떻게 볼까?' 모세는 이런 생각으로 흔들리지 않습니다. 하느님의 명령에 단순히 순종합니다. 이것이 쉬운 일일까요? 모세의 태도에서 진정한 순종의 자세를 배우게 됩니다. 만약 모세가 자신의 영광에 조금이라도 관심이 있었다면 그는 이 명령을 따르는 일에 주저하였을 것입니다. 그러나 모세는 온전히 하느님의 뜻을 이루는 것, 그분의 의지에 따라 사는 것을 목적으로 했기 때문에 그 말씀에 그대로 순종할 수 있었습니다. 그러므로 진정한 순종은 자신을 잊은 종에게만 가능합니다.

모세의 순종은 이스라엘 백성을 하느님께로 이끌어 주었습니다. 그들의 목마름을 해결해 주시는 분이 하느님임을 인식하도록 안내해 주었습니다. 이스라엘 백성은 르피딤의 바위에서 솟아 나오는 물로 타는 목을 축이면서 자신들의 목마름을 채워 주시는 하느님, 물이 되어 주시는 하느님을 만났습니다. 첫 번째 광야 여정 중에 이스라엘은 그들을 살려 주시는 하느님을 다시 만난 것입니다. 모세는 이스라엘 백성이 이 사실을 망각하지 않도록 그곳의 이름을 '시험과 시비'를 의미하는 "마싸와 므리바"(17,7)로 부릅니다.

마싸와 므리바는 달리 말하자면 불신과 의심이 자리한 곳, 좀처럼 생명이 자랄 수 없는 곳입니다. 바위처럼 단단해서 생명의 물이 흐르고 있으리라 아무도 상상할 수 없는 곳입니다. 그런데 하느님을 신뢰하는 순종의 사람, 모세는 지팡이로 그 바위를 뚫어 생명이 터져 나오게 합니다. 이 사실은 우리에게 엄청난 희망을 줍니다. 분열과 싸움이 난무하는 곳에서도 생명을 자라게 하는 일치와 화합이 가능할 수 있다는 확신을 갖게 합니다. 그러므로 우리는 마싸와 므리바에서 솟아오른 물줄기를 길이길이 기억할 것입니다. 마싸와 므리바가 피해야 할 곳이 아니라 그곳이 바로 물을 만나는 장소가 될 수 있음을 잊지 않아야 합니다.

열세 번째 쉼터는 르피딤의 바위 곁에 마련하였습니다. 아직도 그곳에서 콸콸 쏟아지는 물줄기 소리를 들을 수 있습니다. 그 물로 목을 축이고, 잠시 말씀의 거울 앞에 서 보겠습니다. 말씀의 거울은 참 신비합니다. 우리가 매일 들여다보는 거울은 오래되면 반사 기능이 떨어지기 마련입니다. 그런데 말씀의 거울은 그렇지 않습니다. 바라보면 바라볼수록 점점 더 세밀하게 우리의 모습을 되비춥니다. 열세 번째 쉼터에서 만나는 말씀의 거울은 비교적 짧지만, 이 짧은 17,1-7의 말씀이 얼마나 속속들이 우리 내면을 드러내 주는지를 깨닫게 되면 감탄하지 않을 수 없습니다.

　이 말씀의 거울에는 죽을 것만 같은 목마름 속에서 모세에게 불평하는 이스라엘 백성의 모습이 비칩니다. 그들은 이 여정에서 만나는 모든 어려움을 해결할 책임이 모세에게 있다고 생각하는 듯합니다. 어려움을 만날 때마다 모세에게 불평합니다. 혹시 우리도 그렇게 하고 있지 않습니까? 함께 살고 있는 누군가에게 모든 기대를 걸고 있지는 않습니까? 내 행복에 대한 책임을 그 사람에게 지우고 있지는 않습니까? 내가 행복하지 않은 것은 부모님 때문이라고, 남편 때문이라고, 아내 때문이라고, 자녀 때문이라고, 또는 직장 상사 때문이라고 생각하지는 않습니까? 내가 기대를 걸고 있는 그 누군가는 나를 행복하게 만들어 줄 수 있는 존재입니까? 이 기대는 합당한 것일까요? 누군가에게 걸고 있는 내 기대가 혹시 지나친 것은 아닐까요? 상대방도 채워 줄 수 없는 기대를 요구하고 있는 것은 아닌가요? 이 거울 앞에서 우리가 가지고 있는 크고 작은 기대와 그 기대의 대상에 대해 성찰해 보려고 합니다. 나의 행복은 다른 누군가가 만들어 줄 수 있는 것이 아닙니다. 혹시 자신의 불행에 대한 책임을 다른 이에게 전가하고 있지는 않습니까?

17,1-7 말씀의 거울에서 배경을 이루는 것은 마싸와 므리바라는 장소입니다. 여러분 각자가 살고 있는 곳에서도 마싸와 므리바를 찾아볼 수 있습니까? 사실 오늘날 우리가 살고 있는 곳은 마싸와 므리바가 난무하는 세상이라고 할 수 있습니다. 이런 세상에도 하느님의 길이 열릴 수 있다고 믿습니까? 마싸와 므리바가 있는 곳에서 분열과 불화를 부추겨 그것이 바위처럼 단단해지는 데 조력합니까? 마싸와 므리바를 애써 외면하며 지내고 있습니까? 내 선택에 따라 마싸와 므리바에서 일치와 화합의 물줄기가 솟아오를 수 있다는 것을 확신합니까? 하느님이 세상의 주인이심을 아는 순종하는 이들의 굳건한 선택을 통하여 하느님의 물길은 바위를 뚫고 터져 나옵니다.

17,1-7의 거울에 비친 내 모습이 어떠하든 실망할 필요는 없습니다. 내 모습이 이스라엘 백성의 모습과 조금도 다르지 않다 하더라도 좌절하지 마십시오. 하느님은 르피딤의 바위에서 솟아 나오는 물로 그들의 갈증을 채워 주셨습니다. 내 모습을 거듭 거울에 비추어 보고자 하는 것은 내가 얼마나 성장하였는가를 확인하기 위해서라기보다는 내 모습이 어떠하든 변함없이 사랑해 주시는 하느님의 그 사랑을 더 잘 알아듣

기 위해서입니다. 말씀의 거울 앞에 나설 때마다 우리는 부족한 자신의 모습을 끊임없이 보게 될 것입니다. 동시에 그런 우리를 사랑해 오셨고, 사랑하시며, 앞으로도 사랑하실 하느님께 더욱 깊이 감탄하게 됩니다. 이런 감탄이 거듭해서 쌓이면 우리는 참으로 하느님을 경외할 줄 알게 됩니다.

14

주님은 나의 깃발(야훼 니씨)

이스라엘 백성의 첫 번째 광야 여정은 광야 생활의 고단함을 잘 보여 줍니다. 낮에는 살을 태울 듯이 뜨거운 태양이 광야를 달구고, 밤이면 칠흑 같은 어둠과 함께 급격히 식어 버린 대지가 한기를 뿜어냅니다. 광야의 혹독한 기후는 식물이나 동물에게도 가혹하기는 마찬가지입니다. 그 때문에 광야를 지나는 이들은 목마름과 굶주림을 피할 수 없습니다. 하느님의 선택을 받은 이스라엘 백성도 예외는 아니었습니다. 그들은 광야로 들어선 첫 순간부터 시련과 곤란에 맞부딪쳤습니다. 하지만 이스라엘 백성의 광야 여정은 광야가 그저 고통스러운 장소이기만 한 것이 아님을 잘 보여 주었습니다. 그들은 광야의 곤란 가운데 구름 기둥과 불기둥으로 함께하시는 하느님, 물과 음식이 되어 주시는 하느님을 만났습니다. 그들은 또 광야에서 그들의 부끄러운 민낯을 마주하였고, 약속의 땅을 향한 그들의 결단이 얼마나 허약한 것이었는지를 발견하였습니다. 그러므로 광야는 하느님이 누구이신지, 그리고 우리 자신이 누구인지를 진정으로 깨닫는 장소입니다. 이 두 가지 앎이 결여된다면 진정한 신앙에 이를 수 없습니다. 그러므로 광야는 참된 신앙에 이르기 위해 누구나 거쳐야만 하는 장소요 시기라고 말할 수 있습니다.

이스라엘 백성이 성숙한 신앙에 이르기 위하여 광야를 거쳐야만 했다면 우리가 거쳐야만 하는 광야란 무엇일까요? 오늘 내가 겪고 있는 시련과 고통이 혹시 그 광야는 아닐까요? 이스라엘 백성이 걸었던 광야 여정은 오늘 내가 겪고 있는 시련과 아픔, 고통과 쓰라림을 새로운 눈으로 볼 수 있도록 안내해 줍니다. 피하고만 싶고, 없었으면 좋겠다고 생각한 시련이나 아픔이 가난한 나를 마주하게 하고, 그런 나를 당신의 부요富饒로 품어 주시는 하느님을 만나게 하는 구원의 사다리가 될 수 있다고 광야 여정은 내게 일러 줍니다.

열네 번째 여정은 르피딤이라는 장소에서 계속됩니다. 이스라엘 백성은 이곳에서 지금까지 경험해 보지 못했던 새로운 시련을 겪게 됩니다. 그동안 그들이 광야의 굶주림과 목마름 때문에 고생하였다면, 17,8-16에서 이스라엘 백성은 적의 공격으로 인한 생존의 위협을 겪습니다. 광야가 비록 고생스럽기는 하지만 참고 지나가기만 하면 되는 그런 장소는 아니었습니다. 그곳에는 그들의 생존을 위협하는 위험 요소들이 가득 차 있었습니다. 이스라엘 백성이 광야의 고된 행군으로 지쳐서 아직 르피딤에서 쉬고 있을 때였습니다. 달리 말해서 그들이 무방비 상태였을 때, 아말렉족이 그들을 공격하였습니다. 아말렉족은 가나안 땅의 남부 지역에 해당되는 네겝이라는 광야를 차지하고 활동하던 유목민들인데, 광야를 지나던 이스라엘 백성이 자신들의 존재를 위협한다고 생각했던 모양입니다. 과연 이스라엘 백성은 이 위기를 어떻게 극복하였을까요? 그들은 전쟁을 치를 수 있을 만큼 무장을 갖추지도 못했고, 그들 중 절반이 훨씬 넘는 이가 어린이와 노인, 여자들이었습니다.

성경 저자는 이 전쟁에서의 승리가 인간적인 힘에 달린 것이 아님을 분명하게 진술합니다. 우선 모세는 여호수아라는 젊은이를 뽑아 다른 장정들과 함께 아말렉족과 싸우게 합니다. 그리고 자신은 하느님의 지팡이를 들고 아론과 후르와 함께 언덕 꼭대기로 올라갑니다. 모세가 팔을 들고 있으면 전세는 이스라엘에 유리해집니다. 모세가 지쳐서 팔을 내리면 다시 전세는 불리해졌습니다. 그리하여 아론과 후르가 모세의 양쪽에서 해가 질 때까지 그의 팔을 받쳐 주어, 이스라엘은 승리할 수 있었습니다. 결국 성경의 저자가 강조하고자 하는 바는 이 전쟁의 승리가 여호수아의 용맹함이나 훌륭한 지도력, 모세의 공로 때문이 아니라는 것입니다. 전쟁의 승리는 전적으로 하느님에게서 온 것이며, 그들을 위험에서 보호해 주고 지켜 주시는 하느님에 대한 신뢰로 인하여 주어진 선물입니다. 이를 분명하게 알고 있던 모세는 자신이 팔을 쳐들고 있었던 그 자리에 제단을 쌓고, "야훼 니씨"(17,15)라고 불렀습니다. '주님은 나의 깃발'이라는 뜻의 이 말로써 전쟁의 승리가 오직 주님에게서 왔음을 고백하는 것입니다. 위기 속에서 이스라엘을 구원하시는 하느님이 다시 한번 크게 드러났습니다.

그런데 하느님의 드러나심은 모세와 여호수아, 아론과 후르의 겸손이라는 거울을 통하여 이루어졌습니다. 이들 중 그 누구도 이 기적적인 사건에서 자신의 공로를 치하하려 들지 않았습니다. 그들은 오직 하느님 덕분에 자신들이 무사할 수 있었음을 정직하게 고백하였을 뿐입니다. 그들이 자신을 전면에 내세우지 않음으로써 이 모든 사건을 주관하신 하느님이 크게 드러나셨고, 이스라엘 백성은 위기 속에서 자신들과 함께하시는 구원의 하느님을 다시금 만날 수 있었습니다.

열네 번째 여정의 쉼터는 '야훼 니씨'라 불리는 제단 곁입니다. 이곳에 걸려 있는 거울은 17,8-16 말씀입니다. 이 거울에는 르피딤에서 아말렉족의 공격을 받았지만 그곳에서 다시 한번 구원의 하느님을 체험하였던 이스라엘 백성의 모습이 비칩니다. 그리고 '주님은 나의 깃발'이라고 고백한 모세와 여호수아, 아론과 후르의 모습도 있습니다. 이 거울에 우리 자신을 비추어 봅시다. 하느님의 일을 자신의 업적으로 돌리고, 하느님의 것을 자신의 것인 양 잘난 체하는 내 모습이 거기에 있는지 잘 살펴보면 좋겠습니다.

세례자 요한은 예수님을 두고 '당신은 더욱 커지셔야 하고, 저는 더 작아져야 한다'고 말하였습니다(요한 3,30). 세례자 요한만이 아닙니다. 우리 모두 이런 고백을 해야 합니다. 우리가 참으로 겸손하다면 세상에서 이루어지는 모든 일, 우리 주변의 크고 작은 모든 일이 하느님께서 이루어 주시는 기적임을 알아보게 될 것입니다. 어려운 시험에 합격한 일도, 오늘 무사히 귀가하게 된 것도, 평범하기 짝이 없는 일상을 되풀이할 수 있는 것도 다 하느님께서 이루어 주시는 일임을 고백할 수 있게 됩니다. 그러므로 우리는 자신에게 되물어야 합니다. 지금 나는 어느 깃발 아래 서 있는가? 나의 이름도, 그 누구의 이름도 아닌 주님의 이름이 적힌 깃발 아래 서 있기를 간절히 바랍니다. 오직 주님의 깃발만이 영원하기 때문입니다. 결국 사라지고 말 것 때문에 우리의 귀한 인생을 낭비할 수는 없습니다.

15

이트로의 충고, "짐을 나누어 져라!"

열다섯 번째 여정도 르피딤에서 이루어집니다. 이스라엘 백성이 길을 떠났다는 보고가 19,1에서야 나타나기 때문에 우리는 여전히 같은 장소에 머무르고 있습니다. 이스라엘을 공격하였던 아말렉족이 물러나고 나서도 이스라엘 백성은 르피딤에 진을 치고 있었나 봅니다. 18장은 첫 번째 광야 여정 중에 발생한 마지막 사건, 곧 모세의 장인 이트로의 방문에 대해 이야기합니다. 미디안의 사제이며, 모세의 장인인 이트로의 이름은 불타는 떨기나무에서 모세가 목격한 하느님의 신현을 소개하는 3,1에서 처음으로 언급되었습니다. 모세는 이 사건 이후 장인에게 돌아가 이집트에 있는 친척들의 안부를 확인하고자 이집트로 돌아가겠다고 말합니다(4,18). 이트로는 모세가 편히 떠날 수 있게 해 주었고, 모세는 아내와 아들들을 데리고 이집트 땅으로 돌아갔습니다(4,20).

이렇게 헤어진 이트로가 18,1에서 친정에 돌아와 있던 모세의 아내 치포라와 그의 두 아들, 게르솜과 엘리에제르를 데리고 모세를 다시 찾아옵니다. 모세가 언제 자신의 아내와 아들들을 이트로에게 돌려보냈는지 우리는 알지 못합니다. 그런데, 이트로가 치포라와 손자들을 모세에게 데려오게 된 계기는 하느님께서 모세와 이스라엘 백성에게 하신 모든 일을 전해 들었기 때문입니다. 모세는 장인을 맞아들여 그간에 일어났던 일들을 직접 그에게 말해 줍니다. 이트로는 모세로부터 주님께서 이스라엘을 위하여 파라오와 이집트에서 하신 일들과, 그들이 광야 여정 중에 겪었던 고생, 그리고 주님께서 베푸신 도움에 대해 들은 후 '주님께서 하신 이 모든 고맙고 좋은 일들'에 대해 기뻐하며, 이토록 놀라운 일을 행하신 하느님을 찬미합니다. "주님께서는 찬미받으시리라!"(18,10) 그는 또, 주님이 그 어떤 신보다 더 위대하신 분임을 알게 되었다고 고백합니다. 이어서 하느님께 번제물과 희생 제물을 바치고, 하느님 앞에서 아론을 비롯한 이스라엘의 모든 원로와 함께 친교 제물을 나누어 먹습니다. 이는 이트로가 계약 공동체의 일원이 되었음을 의미합니다. 미디안의 사제인 이트로가 하느님의 위대하심을 발견하고 그분 앞에 무릎을 꿇게 된 것입니다. 이트로는 모세에게 그의 아내와 자식들을 데려다주려고 왔다가 하느님이 주님이심을 고백하게 된 것입니다(18,8-12).

이어지는 단락에서 이트로는 모세에게 새로운 리더십에 대한 조언을 해 줍니다(18,13-26). 사실 오경에는 이스라엘의 사회조직이 확립된 배경을 설명하는 본문이 세 군데 나오는데(탈출 18,13-26; 민수 11,11-30; 신명 1,9-18), 서로 다르므로 함께 비교하며 읽어 볼 필요가 있습니다. 이 세 단락은 동일한 사회조직의 확립 과정을 설명하는 서로 다른 세 가지 이야기입니다. 먼저 민수 11,11-30에 의하면, 백성에 대한 무거운 책임을 혼자 감당하기 어려웠던 모세가 이에 대하여 주님께 하소연하자, 주님께서 모세에게 원로 일흔 명을 뽑아 만남의 천막 주위에 둘러서게 하고 모세의 영의 일부를 그들에게 나누어 주십니다. 그러므로 민수기에 의하면 모세의 짐을 나누어 질 원로들은 하느님의 말씀에 따라 선정되었으며, 이 일은 두 번째 광야 여정 초기에 일어났습니다. 한편, 신명 1,9-18에서는 주님의 강복으로 백성의 수가 늘어나자 혼자 그들을 책임질 수 없다고 생각한 모세가 각 지파에서 '지혜롭고 슬기로우며 지식을 갖춘 사람들'을 뽑아 각 지파의 천인대장, 백인대장, 오십인대장, 십인대장과 관리로 삼습니다. 그러므로 신명기에서는 모세의 생각에 따라 이스라엘의 사회조직이 확립되었고, 이 일은 첫 번째 광야 여정에서 일어납니다.

그런데 탈출 18,13-26에서는 이트로의 제안에 따라 이스라엘의 사회조직이 정비된 것으로 나타납니다. 모세가 일하는 모습을 온종일 조용히 지켜본 이트로는 모세가 행사하는 리더십의 한계를 지적합니다. 모세는 주님의 뜻을 문의하러 오는 백성을 아침부터 저녁까지 일일이 만나고, 그들 사이에 발생한 분쟁을 해결해 주며, 하느님의 규정과 지시들을 가르치느라 눈코 뜰 새 없이 바쁘게 지냈습니다. 이트로는 이런 식으로 일하면 지도자도 백성도 모두 지쳐 버리게 될 것이라고 말하며, 새로운 리더십의 모델을 제안합니다. 이트로는 모세에게 "짐을 나누어 져라" 하고 말합니다. 백성의 대리자인 모세는 백성의 일을 하느님께 말씀드리는 것과 그들에게 하느님의 뜻과 규정을 가르쳐 주는 일을 맡고, 백성의 송사는 다른 대표들을 선출하여 그들이 맡게 하라는 것입니다. 하느님을 경외하고 진실하며, 부정한 소득을 싫어하는, 유능한 사람들을 뽑아 천인대장, 백인대장, 오십인대장, 십인대장으로 삼아 그들이 백성을 재판하게 하고, 그들이 다룰 수 없는 큰 송사만을 모세에게 가져오게 하라고 충고합니다. 이렇게 해야만 모세도 지치지 않고, 백성도 만족하게 될 것이라고 말합니다. 모세는 장인의 충고를 받아들여 그대로 실천합니다. 그 뒤 이트로는 모세와 작별을 하고 제고장으로 돌아갔고 (18,27) 다시는 탈출기에 등장하지 않습니다.[15] 자신의 지혜로 모세를 구속하려 드는 대신 뒤돌아보지 않고 자신의 갈 길을 훌훌 떠나는 이트로의 뒷모습이 아름답습니다.

15_ 모세의 장인 이트로는 민수 10,29에서 르우엘의 아들 호밥이라는 다른 이름으로 등장합니다. 여기서 모세는 두 번째 광야 여정을 떠나면서 그에게 길잡이가 되어 달라고 청하는데, 호밥은 거절하고 자기 친족에게 돌아갑니다.

열다섯 번째 여정의 쉼터는 모세가 이트로를 초대하여 아론과 이스라엘의 원로들과 함께 하느님 앞에서 식사를 나누던 자리에 마련하였습니다. 이 자리에는 18장 말씀의 거울이 걸려 있습니다. 이 거울 역시 우리 자신의 모습을 돌아보게 하는 훌륭한 거울입니다. 신중하고 주의 깊은 관찰에서 나온 이트로의 지혜로운 조언도, 그 조언에 기꺼이 귀를 기울이는 모세의 겸손도 거울로 삼을 만합니다. 또 이트로가 제시한 리더십의 형태도 우리의 모습을 비추어 볼 수 있는 좋은 거울이 됩니다. 모세만큼은 아니라 하더라도 우리 역시 각자가 속해 있는 삶의 영역에서 크고 작은 책임을 지고 삽니다. 18장에 비추어볼 때 내가 책임을 행사하는 방식은 어떠합니까? 혹시 '나 아니면 안 된다'는 식의 태도로 다른 이들이 설 수 있는 자리를 내주지 않고 독불장군처럼 권위를 행사하지는 않습니까? 다른 이들과 책임을 나누어 지기는 하지만 세세한 일까지 모두 참견하면서 협력이 아니라 지배를 하려고 들지는 않는지요? 자신이 물러날 때와 떠날 때를 정확히 알고, 제 갈 길을 갔던 이트로처럼 그렇게 멋진 뒷모습을 보이고 있습니까?

아니면 내가 머물렀던 자리를 내주지 못하고 그 자리에 여전히 연연해 하고 있습니까? 우리의 뒷모습도 이트로의 뒷모습처럼 아름다웠으면 좋겠습니다.

16

이스라엘의 새 이름

이스라엘 백성의 기나긴 광야 여정 제1부, 곧 첫 번째 광야 여정은 19장에서 끝납니다. 열여섯 번째 여정은 이스라엘 백성과 함께 르피딤을 떠나 광야를 걸어 시나이산 기슭에 도착하는 여정입니다. 그들이 이집트를 떠나서 시나이산에 이르기까지는 2개월 정도의 시간이 걸렸습니다(19,1-2). 이제 이곳 시나이 광야에서 이스라엘 백성의 역사와 운명에 매우 중요한 사건이 일어날 것입니다.

19-24장은 이스라엘 백성이 시나이산에서 하느님과 체결한 계약에 대해 설명합니다. 이 계약은 하느님께서 모세를 통

하여 이스라엘 백성에게 먼저 제안하셨고(19,3-6), 백성은 이에 동의하였습니다(19,7-8). 이 계약은 이스라엘의 신원을 변화시키는 중요한 사건이기 때문에 이스라엘 백성은 계약 체결을 위하여 사흘간 준비합니다(19,9-15). 그 뒤에 하느님께서는 불과 연기와 우렛소리로 그들에게 나타나시고(19,16-25), 이어서 계약의 조건이 선포됩니다. 그 조건은 하느님의 법규인 십계명(20,1-21)과 계약 법전(20,22-23,33)입니다. 그런 다음 장엄한 계약식을 통하여 마침내 계약이 체결되는데(24,1-11), 통상 이를 '시나이 계약'이라고 부릅니다. 이것이 이스라엘 백성의 정체성을 규정하는 중요한 계약인 만큼 시간을 들여 그 내용을 살펴볼 필요가 있습니다. 열여섯 번째 여정에서는 19,1-8의 내용과 함께 머무르겠습니다. 이 말씀에는 하느님께서 이스라엘 백성에게 제안하신 계약의 내용이 구체적으로 설명되어 있습니다.

백성은 마침내 시나이산이 보이는 광야에 이르자 그 산기슭에 진을 쳤습니다. 그때 하느님은 시나이산으로 모세를 부르시어 그에게 이스라엘 백성과 계약을 맺으시려는 의도를 드러내십니다. 이스라엘 백성이 이제는 당신과 계약을 맺을 수 있는 상태가 되었다고 보신 것입니다. 그런데 고대사회의 계약에는 동등한 두 상대가 맺는 상호조약이 있고, 주종 관계를 이루는 두 상대가 맺는 수호조약이 있습니다. 시나이산에서 체결될 하느님과 백성 사이의 계약은 수호조약 형식에 가깝습니다.

보통 수호조약에서는 종주국 임금이 종속국 임금에게 베푼 은혜가 나열되고 강조됩니다. 다음 구절에 나오는 하느님의 말씀이 이와 비슷합니다. "너희는 내가 이집트인들에게 무엇을 하고 어떻게 너희를 독수리 날개에 태워 나에게 데려왔는지 보았다"(19,4). 비록 한 절에 불과하지만, 이 말씀은 이집트에서 종살이하던 이스라엘 백성을 하느님께서 어떻게 구해 내셔서 이곳까지 데려오셨는지를 간략하고 분명하게 언급합니다. 독수리는 새끼가 어느 정도 자라면 나는 연습을 시키기 위하여 새끼를 둥지에서 밀어 떨어뜨립니다. 독수리 둥지는 보통 아주 높은 바위나 나무 꼭대기에 있기 때문에 새끼는 떨어질 때 겁을 먹습니다. 그래서 어미 독수리는 새끼를 둥지에서 밀어낸 직후 2미터가 넘는 자기 날개를 활짝 펴서 새끼를 쫓아 하강합니다. 혹시라도 나는 법을 익히지 못한 새끼가 떨어져 죽지 않게 자기 등에 태우기 위해서입니다. 이런 독수리의 습성을 잘 알고 있는 성경 저자는 하느님께서 이스라엘 백성을 이집트에서 광야로 데려 내온 과정을 어미 독수리가 새끼 독수리를 날개에 태워 날아오르는 것에 비유합니다.

광야를 지나온 이스라엘 백성에게 하느님은 자녀를 돌보고 지키기 위하여 수고를 아끼지 않는 부모와 다르지 않았습니다. 이집트를 떠나 첫 번째 광야 여정을 경험한 이스라엘 백성 가운데 이 사실을 부인하는 사람은 아무도 없을 것입니다. 하느님은 그만큼 극진한 사랑으로 그들과 함께해 오셨고, 이스라엘 백성은 하느님께 큰 은혜를 입었습니다. 그래서 고대 근동의 수호조약 형식을 따르고 있기는 하지만, 19장에 나오는 계약은 법적 구속력만을 갖는 무미건조한 계약이 아닙니다. 그것은 사랑을 베풀고 그 사랑을 체험한 이들, 곧 서로 사랑하는 이들이 맺는 사랑의 계약입니다. 이 때문에 첫 번째 광야 여정 전체는 하느님께서 얼마나 큰 사랑으로 이스라엘 백성을 인도하시고 보호하시며, 그들의 필요를 채워 주셨는지를 부각합니다. 이스라엘 백성은 하느님의 가없는 사랑을 체험함으로써 그분이 누구신지를 알게 되었고, 그리하여 하느님과 계약을 맺을 수 있는 상대가 되었습니다.

하느님께서 제안하신 계약의 내용은 이러합니다. 만약 이스라엘 백성이 하느님과의 계약을 성실히 지키기만 한다면 그들은 이제 '하느님의 소유'가 되고, '사제들의 나라'가 될 것이며, '거룩한 민족'이 될 것입니다(19,5-6). 곧 이스라엘 백성은 이 계약의 체결을 통하여 새로운 정체성을 얻게 될 것입니다. 이스라엘 백성이 '하느님의 소유'가 된다고 할 때, 소유에 해당하는 히브리어 '서굴라'는 어느 누구에게도 양도할 수 없는 귀한 보물을 의미합니다. 따라서 이스라엘 백성은 하느님과의 계약 체결을 통하여 누구에게도 내줄 수 없는 하느님의 귀한 보물이 될 것입니다. 또한 그들은 하느님과 다른 백성 사이를 중개하는 사제 직분을 수행할 것이며, 하느님께 속한 (=거룩한) 민족, 곧 '하느님의 소유'가 될 것입니다.

이스라엘 백성이 이 계약을 체결하면 하느님의 소유, 사제들의 나라, 거룩한 민족이라는 새 이름을 얻게 됩니다. 새 이름은 새로운 존재, 새로운 신원을 의미합니다. 이 이름이 의미 있는 것이 되려면 그 이름에 걸맞은 삶을 살아야 합니다. 이스라엘 백성은 모세를 통하여 하느님의 제안을 듣고 '주님께서 이르신 모든 것을 실천하겠다'고 응답합니다(19,8). 하지만 그 응답 안에 담긴 구체적인 내용이 무엇인지를 그들은 한층 분명하게 인식할 필요가 있었습니다. 이 때문에 이스라엘 백성은 사흘을 따로 떼어내어 계약을 체결하기 위한 준비를 할 것입니다(19,9-15). 우리도 다음 여정에서 이 사흘간의 준비에 함께하겠습니다.

지금은 쉼터에서 잠시나마 휴식을 취할 필요가 있습니다. 열여섯 번째 여정의 쉼터는 시나이산 기슭에 쳐 놓은 천막 안에 마련하였습니다. 우리 천막 옆에 다른 많은 이스라엘 백성의 천막이 둘러쳐 있습니다. 이곳저곳에서 들려오는 사람들의 두런거리는 소리, 어린이들의 웃음소리에 안도감을 느낍니다. 아주 오랜만에 맛보는 안정감입니다. 늘 길 위에서 지내는 이들이 느낄 수밖에 없는 불안감을 오늘은 잠시 내려놓아도 좋습니다. 이 천막 안에서 잠깐 단잠을 자도 좋습니다. 충분한 휴식을 취한 후에 비교적 짧은 19,1-8 말씀의 거울 앞에 서 보시기 바랍니다. 천천히 해당 본문을 읽어 봅니다. 그리고 19,4 말씀과 함께 머물러 봅니다. 나에게 하느님은 어떤 분이셨나요? 품어 주시고 감싸 주시는 하느님의 온기를 느낀 적이 있습니까? 하느님에게 줄곧 업혀 있었는데도 그 등의 따뜻함을 알아차리지 못하고 있는 것은 아닌지요? 하느님의 보호가 늘 나와 함께 있었기에 오늘 이 자리에 올 수 있었음에도 불구하고 혼자 살아온 것처럼 외로워 하고 있지는 않은지요? 하느님은 내 사정 따위는 못 본 체하신다고 울부짖고 있지는 않은지요? 고단했던 나의 삶 가운데 나와 함께하셨던 하느님의 자취를 분명하게 알아보고, 그 사랑에 눈물 흘리며 감사할 수 있었으면 좋겠습니다. 그리고 내 삶이 그 사랑에 응답하는 것이 되었으면 좋겠습니다. 이스라엘 백성은 시나이 계약에 관한 이 본문을 거듭 읽으면서 자신들의 정체성을 새롭게 인식하였습니다. 그들이 시나이 계약을 통하여 새 이름을 얻었다면, 우리는 세례 때에 하느님과의 계약을 통하여 '하느님의 딸', 또는 '하느님의 아들'이라는 새 이름을 얻었습니다. 내 삶은 그 이름에 걸맞습니까? 하느님의 딸답게, 하느님의 아들답게 살고 있습니까? 하느님의 딸, 혹은 하느님의 아들은 하느님을 아빠, 아버지로 모신 사람을 지칭하는 말입니다. 하느님의 딸이면서, 하느님의 아들이면서, 아빠가 없는 고아처럼 살고 있지는 않습니까? 새 이름을 얻고도 여전히 낡은 인간으로 살아가지는 않습니까? 19,1-8의 거울 앞에서 우리의 '새 이름'을 기억하고, 그 이름을 마음속 깊이 새기는 시간을 가져 보면 좋겠습니다.

17

계약 체결을 위한 준비

열일곱 번째 여정은 시나이산 기슭에 쳐 놓은 천막에서 사흘을 지내는 것입니다. 그저 하릴없이 보내는 여유로운 사흘이 아니라 무엇인가를 준비하기 위한 진지한 시간입니다. 이스라엘 백성은 이제 하느님과 계약을 맺기 위한 준비에 들어갑니다(19,9-15 참조). 하느님의 신현神顯을 맞이하기 위하여 그들은 사흘 동안 자신을 성결하게 하고 옷을 빨아 입으며, 성적 금욕을 실천할 것입니다. 또한 온전히 거룩하신 하느님께서 그들이 머물고 있는 시나이산에 임하실 것이기 때문에, 그들은 하느님의 거룩하심을 침범하지 않도록 산 근처에 접근

하는 것이 금지되었습니다. 이토록 엄정한 준비가 필요한 이유는 하느님의 거룩하심 때문인 동시에 시나이 계약을 통하여 그들의 신원이 변화되기 때문입니다. 일단 계약을 맺고 나면 이제 그들은 계약의 백성이 됩니다. 계약의 백성이 된다는 것은 하느님과 계약을 맺은 백성답게 살아야 한다는 것을 의미합니다. 그러므로 이스라엘 백성은 계약을 준비하면서 이 계약이 요구하는 것이 무엇인지 분명히 알 필요가 있습니다.

이스라엘 백성이 준비를 시작한 지 사흘째 되는 날 아침에 그들은 하느님의 신현을 목격하였습니다(19,16-24). 하느님의 모습을 직접 본 것은 아닙니다. 다만 우렛소리와 번개가 치는 가운데 짙은 구름과 연기가 뒤덮인 산 위로 불의 모습으로 오신 하느님만을 보았을 따름입니다. 하느님은 이스라엘 백성과 계약을 맺으실 만큼 그들과 아주 가까운 분이시지만 여전히 그들이 다 파악할 수 없는 신비입니다. 이스라엘 백성은 하느님의 이런 모습 앞에 큰 두려움을 느낍니다. 모세는 하느님께서 크고 두려운 모습으로 백성 앞에 나타나신 목적은 이스라엘 백성이 하느님을 경외하여 죄짓지 않게 하시려는 데 있다고 설명합니다(20,20 참조). 시나이산에 나타나신 하느님께서는 직접 이스라엘 백성에게 그들이 맺게 될 계약의 조건을 말씀하십니다. 그것이 바로 십계명(20,1-17)입니다.

시나이 계약은 조건적인 계약이어서 이스라엘 백성이 계약의 조건을 준수할 때만 그 효력이 유지됩니다. 이 계약의 효력이란, 하느님은 이스라엘의 하느님이 되시고 이스라엘은 하느님의 백성이 되는 것입니다. 곧 하느님은 전적으로 이스라엘 편이 되실 것이며, 그들의 권리를 보호하실 것입니다. 그리고 이스라엘은 오직 하느님께만 충성을 바치는 백성이 되어 그들이 하느님의 것임을 세상에 드러낼 것입니다. 십계명에 바로 이어지는 계약 법전(20,22-23,33)은 이 계약이 구체적으로 어떻게 실천되어야 하는지를 알려 줍니다. 이스라엘 백성이 이 법을 준수한다면 하느님과의 계약은 언제까지나 유효합니다.

십계명은 '열 가지 말씀'을 뜻하는데, 이 말씀은 하느님과 함께 살아간다는 것이 구체적으로 어떻게 사는 것인지를 명약관화하게 제시합니다. 십계명은 크게 두 부분으로 나눌 수 있습니다. 십계명의 첫 세 계명은 하느님과 이스라엘의 친밀한 관계를 지속할 수 있는 조건을 알려 줍니다. 나머지 일곱 계명은 이 계약이 이스라엘 백성의 공동체 안에서 어떻게 실천되어야 하는지를 제시합니다. 열일곱 번째 여정에서는 먼저 십계명의 첫 세 계명을 살펴보겠습니다. 이 계명들은 중요한 만큼 찬찬히 살펴볼 필요가 있습니다.

십계명 가운데 첫째 계명은 하느님 한 분만을 흠숭할 것을 요구합니다(20,2-6). 이 하느님은 이스라엘을 이집트 종살이에서 이끌어 내신 주님입니다. 이스라엘 백성은 이분 말고는 그 어떤 신도 섬겨서는 안 됩니다. 어쩌면 우리는 이 계명을 우리와 무관한 것처럼 여길지도 모릅니다. 우상 숭배는 우리와 거리가 멀다고 생각하기 때문입니다. 하느님 한 분만을 섬겨야 한다는 말은, 달리 말하자면 그 어떤 것도 하느님보다 더 중요하게 여기거나 더 두려워해서는 안 된다는 뜻입니다. 사실 곰곰이 생각해 보면 우리가 하느님보다 더 중요하게 여기는 것이 참 많습니다. 주일 미사에 참석하는 것보다 더 중요하게 여기는 일들도 있습니다. 나의 죽음과 맞바꿀 수 있다고 여기는 사람이나, 자리, 물건이 있을 수 있습니다. 그 사람이, 그 자리가, 그 물건이 사라지면 세상은 아무 의미가 없다고 생각할 만큼 말입니다. 하느님 한 분만을 섬긴다는 말은 그 어느 것도 하느님 자리에 두지 않는다는 의미입니다. 내가 그것 없이는 살 수 없으리라고 여기며 애착하는 것이 하느님인 사람은 정녕 행복합니다. 그런 사람은 하느님의 사랑을 차고 넘치도록 누릴 것입니다.

하느님 한 분만을 섬긴다는 말은 또한 하느님이 아닌 것을 두려워하지 않는다는 의미이기도 합니다. 만약 우리가 하느님이 아닌 어떤 것을 두려워한다면, 그것은 우리가 그 두려움의 대상을 하느님보다 더 우위에 두고 있으며 그 대상보다 하느님이 더 약한 존재라고 고백한다는 뜻입니다. 그러므로 우리가 무엇을 두려워하고 있는지, 누구의 눈치를 보며 살고 있는지를 잘 성찰해 볼 필요가 있습니다.

첫째 계명 안에 하느님을 본뜬 그 무엇도 만들지 말라는 금령이 포함되어 있는 것은 당연하다고 할 수 있습니다. 세상에 존재하는 그 무엇도 하느님을 대신할 수 없기 때문입니다. 따라서 첫째 계명을 다르게 표현한다면 하느님이 아닌 것을 하느님으로 섬기지 말라는 말입니다. 이 계명을 제대로 이해한다면 이 계명은 우리를 옭아매는 것이 아니라 자유롭게 해 주는 것임을 알게 될 것입니다. 이 계명은 세상의 모든 거짓된 힘으로부터 우리를 자유롭게 하는, 진정한 자유로의 초대입니다. 하느님은 이스라엘 백성과 우리에게, 참 하느님을 섬김으로써 모든 거짓된 신의 속박에서 풀려나라고 초대하십니다. 사람을 자유롭게 하시는 하느님은 당신을 사랑하고 당신이 명하신 계명을 지키는 이들에게 천대에 이르기까지 자애를 베풀겠다고 말씀하십니다(20,6). 천대란 우리로서는 도저히 상상할 수 없는 시간입니다. 우리가 하느님을 사랑할 때 그 효과가 우리 당대를 넘어 천대에 걸쳐 나타난다는 것을 상상해 보십시오. 우리가 하느님의 사랑으로 행하는 보잘것없어 보이는 선행이 이토록 놀라운 효과를 미칠 수 있다니 감탄스러울 따름입니다. 연일 잔인하고 끔찍한 소식이 신문에 대서특필되는데도 세상이 이렇게 유지될 수 있는 것이 이 세상 어디에선가, 그리고 오랜 역사의 어느 순간엔가, 누군가 행한 선행의 결과일지도 모릅니다. 마찬가지로 지금, 여기에서, 우리가 행하는 선행도 그런 효과를 낼 것입니다. 그러므로 실망할 이유도, 지칠 필요도 없습니다.

그런데 하느님은 당신을 미워하는 이들에게는 삼대, 사대에 이르기까지 그 죄를 물으신다고 합니다. 어떤 이들은 이 말씀에 걸려 넘어집니다. 하느님은 참 잔인한 분이라고 말하는 이들도 있습니다. 그러나 천대와 삼사대는 비교가 안 되는 숫자입니다. 그분의 자애는 심판보다 훨씬 더 큽니다. 이 말씀은 하느님의 잔인한 복수에 대해 말하는 것이라기보다는 악의 속성에 대해 말하는 것으로 보아야 합니다. 우리가 행하는 선이 천대에 이르도록 영향을 미칠 수 있다면, 우리가 행하는 악 역시 주변에 영향을 미칩니다. 그 영향이 적어도 삼 사대에 걸쳐 나타날 수 있다고 이 본문은 말하고 있습니다. 아무도 이를 부인하지는 못할 것입니다. 그러므로 우리는 자신이 행한 행동의 결과에 대해 유념해야만 합니다. 어떤 사람은 하느님을 미워하는 것과 악을 행하는 것이 무슨 상관이 있느냐고 묻고 싶을지도 모릅니다. 하느님을 미워하는 사람은 하느님께서 창조하신 인간과 다른 피조물 안에 깃든 하느님의 사랑을 알아보지 못합니다. 또한 동료 인간과 다른 피조물을 본래의 품위대로 바라보지 못하고, 그 품위에 맞갖게 대하지 않을 가능성이 아주 높습니다. 그러므로 그들은 다른 사람과 피조물을 자기 욕망의 대상으로 전락시키거나 도구로 삼을 수 있습니다. 이것이 바로 악을 불러오는 요인입니다.

첫째 계명을 요약한다면, 하느님을 우리 삶의 최우선에 두라는 것입니다. 그리고 우리 삶뿐만 아니라 온 세상의 주인이신 하느님을 모든 것 안에서 알아보라는 것입니다.

두 번째 계명은 하느님의 이름을 부당하게 부르지 말라는 것입니다. 이 말씀을 이해하려면 우리가 언제 하느님의 이름을 부르는지 생각해 보면 됩니다. 하느님께 무엇인가를 간청하거나 그분을 찬미할 때 우리는 그분의 이름을 부릅니다. 다른 이들에게 그분을 선포할 때도 이름을 부릅니다. 하느님의 이름을 부르지 않고 그분을 선포할 수는 없기 때문입니다. 그런데 만약 거짓 맹세를 하거나 하느님의 이름을 모독하기 위해서 그분의 이름을 부른다면, 또는 다른 이를 저주하거나 괴롭히기 위해서 그분의 이름을 부른다면 어떻게 되겠습니까? 그런 목적으로 하느님의 이름을 불러서는 안 될 것입니다.

세 번째는 안식일 준수에 관한 계명으로, 적어도 일주일에 하루는 온전히 주님을 위해 바치라는 명령입니다. 탈출기는 하느님의 창조 행위에 근거하여 안식일을 지내야 하는 이유를 제시합니다. 세상 창조 때 하느님은 엿새 동안 모든 것을 만드시고 이렛날에는 쉬셨습니다. 그리고 그 이렛날에 강복하시고 그날을 거룩하게 하셨습니다(창세 2,2-3). 그래서 이렛날을 안식일이라 부르게 되었습니다. 엿새 동안의 노동과 이렛날의 쉼이 반복되면서 하느님께서 창조하신 세상의 질서가 유지됩니다. 이것이 하느님께서 만드신 창조 질서입니다. 안식일의 쉼에서 배제되는 것은 전혀 없습니다. 안식일에는 집안의 식구들뿐만 아니라 남종과 여종, 집짐승과 이방인들도 모두 쉬어야 합니다. 몰트만(Jürgen Moltman)이라는 신학자는 여기에 자연환경까지 포함시킬 것을 요청합니다. 그는 "생태학적 안식일은 환경오염을 멈추는 날, 자연이 안식을 경축할 수 있는 날이어야 한다"고 역설하였습니다. 휴일이면 산으로, 계곡으로 달려가 그곳에 쓰레기 더미를 만들고 오는 우리의 여가 활동에 대해 다시 생각해 보아야 합니다. 누군가의 희생을 강요하는 쉼은 성경이 말하는 안식이라고 할 수 없습니다.

이와 같이 십계명 가운데 첫 세 계명은 하느님과 함께 산다는 것이 무엇을 의미하는지 가르쳐 줍니다. 하느님께서 이스라엘의 하느님이 되시고 이스라엘은 하느님의 백성이 되기로 계약을 맺는다는 것은, 이 세 계명이 제시하는 삶을 살기로 약속한다는 뜻입니다.

나머지 일곱 계명에 대해 듣기 전에 여기서 잠깐 멈추려고 합니다. 중요한 말씀이니만큼 마음속 깊이 새겨들을 필요가 있기 때문입니다. 열일곱 번째 쉼터는 우리가 머무르고 있는 천막 바로 바깥에 마련하였습니다. 그 쉼터에는 20,1-11 말씀의 거울이 걸려 있습니다. 그 거울 앞에서 좀 오래 머무를 필요가 있을 것 같습니다. 왜냐하면 이스라엘 백성뿐 아니라 우리 역시 세례성사를 통하여 하느님과 계약을 맺었고, 그 계약은 이스라엘 백성이 하느님과 맺은 계약의 연장선상에 있기 때문입니다. 그래서 십계명 말씀은 우리에게도 하느님과 맺은 계약을 사는 길을 알려 줍니다. 과연 우리는 십계명의 첫 세 계명을 어떻게 살고 있습니까? 성공과 성취를 하느님보다 앞세우며, 부와 권력을 숭배하고 있지는 않습니까? 하느님보다 체면과 다른 이들의 시선을 더 두려워하고 있지는 않습니까? 남들이 어떻게 볼까 두려워 신자로서 마땅히 해야 할 일들을 소홀히 하지는 않았습니까? 하느님이 아닌 것들을 하느님처럼 떠받들고 있지는 않습니까? 안식일의 쉼을 어떤 식으로 실천하고 있습니까? 우리의 쉼은 자연에게 재생산을 위한 공간과 여유를 주는 쉼입니까? 아니면 또 다른 형태로 자연을 착취하는 쉼입니까? 다른 이들의 쉴 권리를 강탈하는 세상에 협력하고 있지는 않습니까?

우리 눈앞에 있는 거울은 정말 오래된 거울입니다. 너무 오래되어 이제는 시대에 뒤떨어진 것처럼 여길 수도 있습니다. 하지만 그 거울에 길고 깊은 시선을 던져 보면, 그 오래

된 거울이 다른 어떤 거울보다 우리를 새로운 모습으로 비춰주고 있음을 발견하게 됩니다. 그 거울 앞에서 흐트러진 우리의 마음을 새롭게 단장하고 주님과의 계약을 갱신할 준비를 할 수 있다면 좋겠습니다.

18

옛 계약의 표시와 새 계약의 표시

우리는 여전히 시나이산 기슭에 쳐 놓은 천막 앞에 앉아 있습니다. 앞으로 오랫동안, 곧 탈출기가 끝날 때까지 우리는 시나이산 언저리를 떠나지 않을 것입니다. 우리의 나머지 여정은 모두 이 주변에서 이루어집니다. 그러므로 주변 풍광은 그다지 크게 바뀌지 않을 것입니다. 그럼에도 불구하고 남아 있는 각 여정마다 분명히 새로운 일들이 우리를 기다리고 있을 것입니다. 사실 그것이 인생이지 않습니까? 이 여정을 출발할 때 말씀드렸던 것처럼 이스라엘의 탈출 여정은 우리의 인생 여정과 사뭇 닮아 있습니다. 그렇기 때문에 우리가 이 여정을 따라온 것이 아니었던가요?

열여덟 번째 여정은 시나이산 아래에서 시작됩니다. 하느님께서 시나이산 위 산봉우리로 내려오셔서 큰 소리로 말씀하고 계십니다. 누구도 가까이 다가오지 못하도록 경고하셨기 때문에, 우리는 아주 멀리 떨어져서 산 위를 바라봅니다. 너무 멀어서 하느님의 음성만을 들을 수 있고 연기와 불만 보일 뿐, 그분의 모습은 보이지 않습니다. 하느님은 이스라엘 백성과 맺게 될 계약의 조건을 말씀하십니다. 그 조건은 십계명(20,1-17)과 이어지는 계약 법전(20,22-23,33)에 명시되어 있습니다. 우리는 지난 여정에서 이미 십계명 가운데 첫 세 계명에 대해 들었습니다. 그 세 계명을 통하여 우리는 계약의 백성으로서 어떻게 하느님과 더불어 살아가야 하는지를 알게 되었습니다. 이번 여정에서는 십계명 가운데 나머지 일곱 계명을 듣게 될 것입니다. 이 일곱 계명은 하느님과 맺은 계약이 이스라엘 백성의 공동체 안에서 어떻게 실천되어야 하는지를 알려 줍니다. 앞의 세 계명이 하느님과의 관계에서 어떻게 계약을 표현해야 하는가를 다룬다면, 나머지 일곱 계명은 동료 인간들과의 관계에서 어떻게 이 계약을 실행해야 하는지를 다룹니다.

그럼 넷째 계명부터 살펴보겠습니다. "아버지와 어머니를 공경하여라"(20,12)는 넷째 계명은 이스라엘 백성이 약속의 땅에서 오래 살 수 있는 조건입니다. 즉 이스라엘이 장차 들어가게 될 약속의 땅에서 오래 살고 싶다면 부모를 공경하라는 말입니다. 부모 공경은 지혜문학에서도 아주 중요하게 다루어집니다.[16] 지혜문학에서 가르치는 부모 공경이란, 구체적으로 부모의 가르침과 교훈에 귀를 기울이고 그것을 실천하는 것(잠언 1,8; 6,20), 부모가 주는 견책을 달게 받고, 그에 따라 자신의 삶과 태도를 바꾸는 것(신명 21,18 참조), 생명을 주신 부모의 은혜를 잊지 않는 것(집회 7,27-28), 부모에게 자녀의 의무를 다하는 것입니다. 여기에서 '부모에 대한 자녀의 의무'란 '말과 행동으로 부모를 공경하되 상전처럼 섬길 것', '연로하신 부모를 젊었을 때와 똑같이 존경하고, 설사 지각을 잃게 되더라도 업신여기지 않고 인내롭게 보살피는 것'입니다(집회 3,1-16). 아버지를 구박하고 어머니를 내쫓는 자는 '수치스럽고 파렴치한 자식'(잠언 19,26)이며, 이와 반대로 부모를

16_ 여기에서 지혜문학이란 구약성경 가운데 욥기, 잠언, 코헬렛, 집회서, 지혜서를 말합니다.

공경하는 이는 죄를 용서받고 장수를 누리게 된다고 가르칩니다(집회 3,3.6). 이처럼 성경에서 부모 공경을 강조하는 이유는 부모와 자식의 관계가 그 사회를 유지하는 가장 중요한 질서 가운데 하나였기 때문입니다. 그래서 엘리야 예언자가 다시 와서 메시아 시대를 준비할 때 해야 할 중요한 준비 사항 중의 하나가 '부모의 마음을 자녀에게 돌리고 자녀의 마음을 부모에게 돌리는 것'(말라 3,24)이라고 선포한 것입니다.

다섯째 계명은 "살인해서는 안 된다"(20,13)입니다. 성경에서 처음으로 언급되는 살인은 형인 카인이 동생 아벨을 죽인 사건입니다(창세 4,8). "네 아우 아벨은 어디 있느냐?"고 물으시는 하느님 앞에 카인은 "모릅니다. 제가 아우를 지키는 사람입니까?"라며 발뺌을 하였지만(창세 4,9), 하느님은 아벨이 흘린 피가 땅바닥에서 울부짖고 있는 소리를 들으셨습니다. 하느님은 당신이 모든 생명의 주인이시기에 누구에게도 살인할 권리를 주지 않으십니다. 심지어 동생을 죽인 카인에게조차 표를 찍어 주셔서 아무도 그를 죽이지 못하게 하셨습니다(창세 4,15). 살인에 대한 금지 명령은 홍수가 끝난 후 하느님께서 노아와 계약을 맺으실 때에도 선포되었습니다. "남의 피를 흘린 사람에게 나는 사람의 생명에 대한 책임을 물을 것이다. 사람의 피를 흘린 자 그자도 사람에 의해서 피를 흘려야 하리라. 하느님께서 당신 모습으로 사람을 만드셨기 때문이다"(창세 9,5-6). 여기에서 살인을 금지하는 이유는 모든 인간이 하느님의 모습으로 만들어진 존재이기 때문이라고 명확하게 말합니다.

탈출기 20장의 살인 금지 명령은 어떤 부연 설명도 없이 단순하고 명료하지만, 그 배경에는 창세기에 나온 인간의 생명에 대한 이해가 전제되어 있다고 볼 수 있습니다. 인간은 하느님의 모습으로 지어진 존재이며, 우리의 생명은 하느님께서 주신, 하느님의 것이기 때문에 아무도 함부로 그 생명을 빼앗을 수 없습니다. 예수님은 이 계명을 설명하실 때 '자기 형제에게 성을 내고, 바보나 멍청이라고 말하는 것이 살인하는 것과 같다'고 말씀하십니다(마태 5,21-26). 나와 함께 살고 있는 이들을 하나의 인격체로 충분히 존중하지 않고 함부로 대하며 무시하는 행위가 곧 그 사람을 죽이는 행위가 될 수 있기 때문입니다.

여섯째 계명은 "간음해서는 안 된다"(20,14)입니다. 예수님은 '음욕을 품고 다른 이를 바라보는 것이 곧 마음으로 간음하는 것'이라고 설명하십니다(마태 5,28). 내가 마주하는 사람은 누구나 자신만의 과거와 현재가 있는 존재이고 미래의 꿈을 품고 사는, 몇 마디 말로는 결코 다 설명할 수 없는 신비스런 존재입니다. 그런데 만약 그 사람의 존재 전체를 보지 않고 오직 그의 얼굴이나 신체의 특정한 일부만 보고 그를 평가한다면, 결국 그 사람을 한 부분으로 잔인하게 축소하는 일이 됩니다. 이것이 간음이 가져올 두려운 결과입니다. 어느 누구도 우리 욕구의 대상으로 축소되어서는 안 됩니다.

일곱째 계명은 "도둑질해서는 안 된다"(20,15)입니다. 남이 가진 것을 강제로 뺏는 것만이 도둑질이 아니라 내 몫이 아닌 것을 갖는 것, 다른 이들에게 돌아가야 할 몫을 차지하는 것도 도둑질이라 할 수 있습니다. '충분함의 윤리'를 주창하는 이들은 충분히 쓰고도 남는 것은 모두 다른 이의 몫이 되어야 한다고 말합니다. 만약 내 서랍과 옷장에 일 년 동안 한 번도 사용하지 않은 물건이 있다면, 그 물건은 나에게 필요 없는 것인 동시에 다른 이의 몫이라는 것입니다. 이렇게 생각하면 저는 제 몫이 아닌 많은 것을 소유한 도둑인 셈입니다. 적어도 일 년에 한두 차례 소유한 물건을 정리해야 할 이유가 분명해집니다. 그래서 저희 수녀원에서는 대림시기가 시작되면 빈 상자 하나를 공동방에 놓아둡니다. 그 상자에는 여전히 쓸

모가 있지만 지난 일 년간 한 번도 사용하지 않았던 물건들이 차곡차곡 쌓입니다. 그리고 이 물건들은 더 필요한 사람들이 가져갑니다. 어쩌면 이런 실천은 해도 좋고 하지 않아도 무방한 선행이 아니라 반드시 해야만 하는 도덕적 의무일지 모릅니다. 우리가 함께 살고 있는 이 세상 어딘가에 굶주리는 이들이 있는 한, 생활에 필수적인 것마저 가지지 못하는 이들이 있는 한, 우리는 그 책임에서 자유로울 수 없기 때문입니다.

《코스모스》의 저자 칼 세이건(Carl E. Sagan)은 지구촌의 가슴 아픈 현실에 대해 이렇게 말하였습니다. "만약 세계 전체의 인구를 100명이라고 보면, … 세계 부의 50%는 단 6명의 사람의 손에 있다. … 80명은 기준치 이하의 주거 조건에서 살고, 70명은 글을 읽지 못한다. 50명은 영양실조로 고통받고 있다. 그중에 한 사람은 아사 직전에 놓여 있다. … 우리 인류가 100가구가 사는 마을에 산다고 상상하면, … 70가구는 집에 마실 물이 없다. 80가구는 가족 중에 아무도 비행기를 타 본 적이 없다. 7가구가 땅의 60%를 차지하고, 이용 가능한 에너지의 80%를 소비한다. 사치품의 100%는 그들의 것이다. 60가구는 그 땅의 10% 안에 붐비며 살아야 한다. 오직 한

가족 가운데 한 명만이 대학 교육을 받았다."[17] 이런 상황에서 우리가 소유하고 누리는 모든 것에 대해 떳떳할 수 있을까요? 오늘 우리는 도둑질하지 말라는 계명을 새롭게 알아들어야만 합니다.

여덟째 계명은 "이웃에게 불리한 거짓 증언을 해서는 안 된다"(20,16)입니다. 구약 시대 법정에서는 적어도 두 명 이상의 증언이 있어야만 유죄가 성립되었습니다(민수 35,30; 신명 17,6; 19,15 참조). 그런데 만약 누군가 악의를 가지고 거짓 증언을 하면 억울한 사람이 목숨을 잃을 수도 있습니다. 그 대표적인 예가 나봇입니다. 나봇은 그가 하느님과 임금을 저주하였다고 증언한 두 불량배 때문에 돌에 맞아 죽었습니다(1열왕 21,11-14). 이처럼 없는 사실을 지어내는 것도 거짓 증언이지만, 헛소문을 퍼뜨리는 것도 거짓 증언에 해당됩니다(탈출 23,1). 증언을 해야 할 사람이 증언을 회피하는 것도 마찬가지

17_Carl Sagan, *Billions and Billions: Thoughts on Life and Death at the Brink of the Millenium*, New York: Random House Publishing, 1997. 재인용: Glen Enander, *Elisabeth Schussler Fiorenza*, Spiritual Leaders and Thinkers Series, Philadelphia: Chelsea House Publishers, 2005, 12-13.

입니다(레위 5,1 참조). 다른 이야 죽든 말든 나만 돋보이고 나만 살기 위하여 함부로 발설되는 말이 난무하는 때입니다. 그래서 더더욱 나의 말이 사람을 살리는 말인지 아닌지를 진지하게 숙고하고, 침묵은 금이라는 오래된 금언을 되새길 필요가 있습니다.

마지막 계명은 "이웃의 집을 탐내서는 안 된다"(20,17)인데, 여기서 '이웃의 집'은 이웃의 소유를 가리키는 것으로 이웃의 아내, 남종이나 여종, 소나 나귀 등을 포함합니다. 이 구절의 병행문인 신명 5,21은 이웃의 재산에서 이웃의 아내를 분리하여 독립적인 범주로 구분합니다. 가톨릭교회의 십계명에서 마지막 두 개는 신명기의 십계명 순서를 따른 것입니다. 아홉째와 열째 계명 모두에 사용된 '탐내다'는 뜻의 히브리어 동사 '하마드(חמד)'는 무엇인가를 갖고 싶은 마음을 품는 데 그치지 않고 그것을 얻기 위해 구체적으로 궁리하는 것을 의미합니다. 제아무리 아름답고 귀한 것이라도 정당하지 않은 수단으로 얻는다면 흠이 생기기 마련입니다. 그 흠은 소유한 이의 마음을 어둡게 하고 비뚤어지게 합니다. 그래서 내 것이 아닌 것을 소유하고서 오래 행복할 수는 없는 법입니다. 탈출기의 마지막 계명은 우리가 탐욕을 길들이는 훈련을 하도록 요구합니다. 자신의 탐욕을 길들이지 못하면 우리는 그 탐욕으로 망하게 될 것입니다. 훌륭한 업적을 많이 남긴 사람들이 결국은 탐욕 때문에 어렵사리 차지한 명예와 지위를 모두 잃고 마는 것을 드물지 않게 볼 수 있습니다.

지금까지 살펴본 일곱 가지 계명은 한 사회가 건강하고 올바르게 유지되기 위하여 꼭 필요한 규정입니다. 여기에 앞의 세 가지 계명을 합하면, 이 열 가지 계명은 이스라엘이 하느님의 백성으로서 한 공동체를 이루며 살아가는 데 필요한 지침을 제공해 줍니다. 그것은 강제성을 띤 의무이기보다는 건강한 공동체가 되기 위한 안내 지침이라고 할 수 있습니다. 하느님은 이 열 가지 말씀을 돌 판에 새겨 이스라엘 백성에게 주실 것입니다. 그래서 이 돌 판은 이스라엘 백성에게 하느님과 맺은 계약을 떠오르게 할 것입니다.

그런데 이스라엘의 역사는 이스라엘 백성이 이 계약의 조건을 채우는 데 실패하였음을 보여 줍니다. 그래서 결국 이스라엘은 약속의 땅을 잃고 바빌론으로 유배를 가게 되었습니다. 하지만 하느님은 예레미야 예언자와 에제키엘 예언자를 통하여 새 계약을 선포하십니다. 이 새 계약은 계약의 내용이 새로워서 새 계약이 아닙니다. 하느님께서 모세의 시절에는 돌에 새겨 주셨던 그 법을 이제는 그들의 가슴에 넣어 주고, 그들의 마음에 새겨 주실 것이기 때문에 새 계약입니다(예레 31,33). 하느님께서 당신의 법을 우리 마음에 새겨 주셨습니다. 그런 의미에서 우리는 새 계약의 백성입니다. 시나이 계약에서는 십계 판이 계약의 상징이었다면 이제는 우리가 그 계약의 상징입니다. 자기 목숨과 힘과 정성을 다하여 하느님을 사랑하고, 이웃을 제 몸처럼 사랑하는 이들이 새 계약의 상징입니다. 사람들은 하느님과 이웃을 사랑하는 우리를 보고 하느님과의 계약을 떠올릴 것입니다. 그러므로 우리 마음에 새겨진 글씨가 엷어지지 않도록 우리는 거듭 하느님께로 나아가야 합니다. 그렇지 않으면 세상은 하느님과 맺은 계약을 망각하게 되고, 그것은 우리 모두의 불행을 의미합니다.

열여덟 번째 여정은 우렛소리와 불길과 뿔 나팔 소리와 연기에 싸인 시나이산 아래에서 하느님의 열 가지 말씀을 듣는 것이었습니다. 하느님께서 말씀을 마치셨을 때 사람들은 모두 두려워 몸을 떨었습니다. 그래서 그들은 모세에게, 하느님의 말씀을 직접 듣는 것은 죽을 만큼 두려운 일이니 모세가 대신 하느님 말씀을 전해 주면 기꺼이 듣겠노라고 간청하였습니다(20,19). 그래서 모세는 백성을 대신하여 하느님의 말씀을 듣기 위하여 그분이 계시는 먹구름 쪽으로 가까이 다가 갔습니다. 20,18-21에 소개된 이 일화는 이스라엘 예언직의 근원을 알려 줍니다. 이스라엘 백성은 하느님의 말씀을 직접 듣는 것을 두려워하여 모세에게 그 중개자가 되어 줄 것을 요청하였고, 모세 이래로 하느님은 예언자들을 통하여 백성에게 말씀하시게 된 것입니다.

열여덟 번째 여정의 쉼터는 모세가 하느님께서 나타나신 시나이산으로 올라가고 난 후, 이스라엘 백성이 멀찍이 떨어져서 있는 자리에 마련하였습니다. 이 쉼터에서 우리는 방금 이스라엘 백성과 함께 들은 하느님의 말씀을 되새겨 볼까 합니다. 십계명 가운데 일곱 가지 계명을 들었으니 지금 우리에게는 일곱 개의 거울이 있는 셈입니다. 이 일곱 개의 거울 가운데 각자가 필요하다고 생각하는 거울을 선택하여 그 거울 앞에서 자신의 모습을 비추어 보시기 바랍니다. 다음은 성찰을 위한 질문입니다.

- 부모님에 대한 나의 태도는 어떠한가? 나는 부모님을 공

경하기 위하여 구체적으로 무엇을 하고 있는가? 내가 더 하고 싶거나 더 할 수 있는 것이 있다면 그것은 무엇인가? 지금 내가 하고 있는 것들 가운데 부모님을 위하여 하지 말아야 하는 것이 있다면 그것은 무엇인가?

- 나는 나 자신과 다른 사람들 안에서 생명의 주인이신 하느님을 알아볼 수 있는가? 나와 다른 사람이 하느님의 모습으로 지어진 귀한 존재임을 알아보는가? 나와 다른 사람을 하느님의 모습으로 지어진 존재의 품위에 맞게 대할 줄 아는가? 혹시 다른 이들을 내게 필요한 물건처럼 대하고 있지 않은가?

- 나는 다른 이들을 내 성적 욕구의 대상으로 바라보는가? 다른 이들의 신체적·심리적·정신적·영적 경계를 허락 없이 함부로 침해하고 있지는 않은가?

- 나는 필요 이상의 물건을 갖고 있으면서, 다른 이들의 필요를 못 본 체하거나 전혀 고려하지 않고 있지는 않은가? 내 옷장과 창고에 쌓여 있는 물건들은 사실 그것을 필요로 하는 다른 누군가의 것임을 알고 있는가? 나는 생필품조차도 부족한 이들의 삶을 개선하기 위하여 지금 무엇을 하고 있는가? 어떻게 하면 그들의 삶과 내 삶이

서로 연결될 수 있을까? 그 길을 찾아볼 구체적인 계획이 있는가?
- 뒷담화와 유언비어를 만들거나 다른 이들에게 전달하여 누군가의 인권을 심각하게 침해하고 있지는 않은가? 평소 내가 하는 말은 다른 이들을 살리는 말인가, 아니면 다른 이들을 의기소침하게 만들고 좌절하게 만드는 말인가?
- 나는 탐욕을 길들이기 위하여 구체적으로 무엇을 하고 있는가? 나는 어떤 욕구의 노예가 되어 있는가? 지금 내가 가장 탐내는 것은 무엇인가? 왜 그것을 탐내는가? 그것이 나를 행복하게 해 줄 것 같은가? 참된 행복은 어디에서 오는 것일까? 원하는 것을 다 가지면 행복해질 수 있을까?

이상의 질문들과 더불어 성찰을 하셔도 되고, 본인이 필요한 질문들을 만들어서 성찰하셔도 좋습니다. 있는 그대로의 나를 직면하는 것, 모든 겉치레와 가면을 벗어 버리고 벌거벗은 내 모습 그대로 하느님 앞에 서는 일은 결코 쉽지 않습니다. 그러나 조금만 용기를 내어 그렇게 하고 나면, 놀랍게도 우리 자신이 사랑받고 있음을 깨닫게 됩니다. 그리고 있는 그대로의 자신이 사랑스럽게 여겨지기 시작합니다. 이런 체험이 쌓이면 점차 자신의 약점이나 부끄러운 부분을 숨기려는 긴장, 자신의 겉을 꾸미려는 강박에서 해방됩니다. 그러면 더욱 자유롭게 되어 자신뿐 아니라 이웃을 더 사랑할 수 있게 됩니다. 거울 앞에 서는 일이 처음에는 어색하고 낯설겠지만 이것이 매일의 습관이 되게 할 필요가 있습니다. 마치 우리가 거의 하루도 빠짐없이 실제 거울 앞에 서는 것처럼, 말씀의 거울 앞에도 그렇게 자주 서야 합니다. 우리 자신을 괴롭히기 위해서가 아니라 더 자유롭게 되기 위해서, 더 사랑할 수 있기 위해서입니다.

우리의 여정이 점점 깊어지고 있고, 말씀의 거울 앞에 선 횟수도 늘어 가고 있습니다. 조금씩 더 해방되고, 더 자유로워지는 것을 느끼지 않습니까?

19

계약 법전에 담긴 사랑의 지혜

우리는 여전히 시나이산 기슭에 머무르고 있습니다. 열아홉 번째 여정도 이곳에서 이루어집니다. 천막 앞에 앉아서 모세가 전해 주는 하느님의 말씀을 듣습니다. 지난 여정에서 시나이 계약의 조건이 되는 십계명을 하느님에게 직접 들었다면, 이번 여정에서는 마찬가지로 시나이 계약의 조건이 되는 계약 법전의 내용을 듣게 됩니다. 그런데 이 법전의 내용은 하느님의 음성을 직접 듣는 것을 두려워한 이스라엘 백성의 요청에 따라 하느님께서 모세에게 일러 주신 말씀입니다. 우리는 이 말씀을 모세의 입을 통하여 듣게 됩니다. 20,22-

23,33 말씀을 '계약 법전'이라고 부르는데, 이 제목은 "계약의 책"(24,7)이라는 말에서 나왔고 이 책의 내용이 법이기 때문에 학자들이 그렇게 부른 것입니다. 이스라엘 백성이 이 계약의 조건을 다 듣고 난 뒤에 시나이 계약은 체결됩니다(24장). 모세는 계약식 중에 이 책을 백성에게 읽어 줄 것입니다(24,7).

오경에는 네 개의 법전이 들어 있습니다. 방금 말씀드린 계약 법전(탈출 20,22-23,33) 외에 사제계 법전(탈출 25-40장; 레위기와 민수기에 나오는 사제와 연관된 법들), 신명기 법전(신명 12-26장), 그리고 성화 법전(레위 17-26장)이 있습니다. 이 법전들을 비교하여 보면 아주 흥미로운 점들이 발견됩니다. 이 법전들에는 동일한 내용을 규정하면서도 세부 사항에서 차이를 보이는 법들이 있습니다. 예를 들어, 종의 해방에 대한 규정이 세 군데(탈출 21,1-11; 신명 15,12-18; 레위 25,39-55)에 나오지만, 그 법들의 세부 사항에서는 상당한 차이가 발견됩니다. 안식년에 관한 규정(탈출 23,10-11; 레위 25,1-22; 신명 15,1-6)도 차이를 보입니다. 이스라엘의 축제일에 관한 규정(탈출 23,14-17; 34,18.22-23; 레위 23장; 민수 28-29장; 신명 16,1-17)에서 축제일의 명칭이나 세부 규정들이 다르게 언급됩니다. 이런 차이는 이 법전들이 형성된 역사적 · 사회적 배경이 다르기 때문입니다. 그러므로 율법을 성실히 지키려고 한다면 오경에 나오는 규정들 간의 차이를 어떻게 이해하고 적용할 것인가 하는 중요한 문제에 맞닥뜨리게 됩니다. 예수님 시대의 유다인들은 하느님께 충실하기 위하여 율법을 매우 열성적으로 지키고자 하였습니다. 이 때문에 서로 다른 성경의 법들을 어떻게 해석하고 적용할 것인가에 대해 설명하고 가르쳐 줄 율법 학자들이 꼭 필요했습니다.

지금 우리 곁에는 어떤 율법 학자보다 위대한 스승이신 성령이 계시기에 그분의 도우심에 의지하여 계약 법전의 내용을 살펴보도록 하겠습니다. 우선 계약 법전의 순서를 살펴보면, 먼저 하느님과 이스라엘 백성 사이의 관계에 대해 다루는 '우상 숭배와 제단에 관한 법'(20,22-26)이 나오고, 이어서 '민법과 형법에 해당되는 일련의 규정들'(21,1-22,16)이 소개됩니다. 그 뒤로 '윤리적·종교적 권고 모음'이라고 이름 붙일 수 있는 부분(22,17-23,19)이 이어집니다. 마지막으로 이 법률 규정들을 지킬 때에 따라오는 '보상과 경고'를 언급하는 후문(23,20-33)이 나오면서 계약 법전 전체가 종결됩니다. 그런데 이 법전은 완전하고 체계적인 법전이 아닙니다. 달리 말해서 이스라엘 백성이 어느 때인가 지켰을 법전 전체를 성경에

실은 것이 아니라는 말입니다. 왜냐하면, 계약 법전에는 법을 구체적으로 어떻게 적용할 것인지에 대한 설명도 없고, 사회생활에서 중요한 혼인과 상속, 행정과 상거래에 관한 법이 거의 포함되어 있지 않기 때문입니다. 계약 법전보다 훨씬 더 오래된 함무라비 법전에도 이런 내용은 언급되어 있습니다. 따라서 탈출기에 계약 법전을 포함시킨 저자는 이스라엘의 고대 법전을 소개하기 위한 목적이 있었다기보다, 이스라엘 백성에게 정의와 종교에 대한 이상적인 원칙을 제시하기 위하여 특정한 법을 선택하여 소개하였다고 볼 수 있습니다. 따라서 우리는 이 법전을 읽을 때 이 법에 담겨 있는 이상이 무엇인지를 읽어 내고자 노력할 것입니다.

계약 법전은 '제단에 관한 법'(20,22-26)으로 시작됩니다. 계약 법전뿐만 아니라 성화 법전과 신명기 법전 모두 예배에 관한 법과 예배 장소에 대한 법으로 시작합니다. 이를 통하여 이 법전들을 기록한 저자들이 가장 중요하게 여기는 것이 무엇인지를 분명히 알 수 있습니다. 그들은 이스라엘 백성의 삶에서 최우선 순위는 하느님이라는 사실을 강조하고자 하였습니다. 그래서 하느님을 어떻게 예배하고, 하느님께 어떻게 제사를 바칠 것인가 하는 문제를 으뜸가는 주제로 다루지 않을 수 없었습니다.

계약 법전에 나오는 제단에 관한 규정 역시 이미 십계명에서 제시된 대로 어떤 신상도 만들지 말 것을 명합니다. 그러므로 이스라엘 백성에게는 하느님께 제사를 드리는 제단 이외에는 달리 하느님의 현존을 상징하는 것이 없습니다.[18] 그래서 그들은 제단에 커다란 의미를 부여합니다. 20,24-26에 의하면 제단은 흙이나 다듬지 않은 돌로 쌓아야 하며, 이스라엘 백성은 주님의 이름을 기억하며 예배하려는 곳이라면 '어디든지' 제단을 쌓을 수 있습니다. 그런데 신명기 법전의 시작 부분에서는 하느님께서 "당신의 이름을 두시고 당신의 거처로 삼으시려고, … 선택하시는 곳"(신명 12,5), 바로 그곳에서만 제단을 쌓고 주님을 예배할 수 있다고 명합니다. 따라서 이스라엘 백성이 제단을 쌓으려고 할 때, 충돌되는 이 두

---

[18]_ 이스라엘 백성이 하느님의 지시에 따라 성막 성전을 건립한 뒤에는 계약의 궤가 하느님의 현존을 상징하게 됩니다. 그러나 계약의 궤는 성막의 지성소 안에 모셔져 있기 때문에 일반 백성이 보고 직접 예배를 드릴 수 있는 대상이 아니었습니다. 이런 의미에서 고대 이스라엘의 종교는 눈에 보이는 예배의 대상이 없는, 상像이 없는(aniconic) 종교였습니다.

법 중 어느 규정을 따라야 하는지 묻지 않을 수 없습니다. 탈출기의 규정은 아직 이스라엘 백성이 정착하기 이전의 상황을 전제하면 더 쉽게 이해됩니다. 약속의 땅을 향해 나아가는 여정 중인 이스라엘에게는 어디에서든지 제단을 쌓고 하느님을 예배할 수 있다는 규정을 지키기가 훨씬 더 쉬웠을 것입니다. 신명기의 규정은 이스라엘이 가나안 땅에 정착한 지도 이미 오래되었고, 예루살렘 성전도 건립된 후의 상황을 고려하면 납득이 됩니다. 이와 같이 이스라엘이 처한 사회적·역사적 상황이 달라지면, 그들의 삶을 규정하는 법규도 변화될 수 있습니다.

그러므로 성경의 법은 그것이 무엇을 어떻게 규정하고 있는지도 알아야 하지만 근원적으로 그 법이 무엇을 말하고자 하는지를 파악하는 것이 더 중요합니다. 제단에 관한 법은 우리 자신이 하느님을 어떻게 예배하고 있는지에 대해 성찰해 보도록 초대합니다. 이 법 규정이 가리키듯이 이스라엘 백성은 공동체 안에서, 그리고 정해진 규정에 따라 하느님을 예배하였습니다. 이는 그들의 예배 행위가 율법주의적인 성격을 강하게 띠고 있음을 뜻한다는 말이 아닙니다. 하느님을 예배한다는 것은 나의 욕구와 필요를 내 삶의 중심으로 삼지 않고, 하느님을 내 삶의 중심으로 삼는다는 것을 의미합니다. 하느님을 내 삶의 중심에 두려면 수시로 주인 행세를 하려고 하는 나의 욕구와 의지를 길들일 필요가 있습니다. 하느님을 우선시하기 위하여 내 삶을 재조정할 필요가 있습니다. 공동체와 함께 하느님을 예배하려면 이것은 더욱더 필수적입니다. 개인의 욕구를 우선적으로 선택하려는 이들이 많다면 공동체로 함께 모인다는 것은 불가능해지고, 함께 예배하는 것은 더더욱 불가능해집니다. 공동체 역시 그 공동체의 필요나 요구를 중심에 두지 않고 하느님을 중심에 둘 수 있어야 진정한 예배를 드릴 수 있습니다. 결국 제단에 대한 법은 하느님을 참되게 예배하기 위하여 우리 자신을 길들이도록 초대합니다.

이어지는 법은 종의 해방에 관한 법(21,1-11)입니다. 히브리인이 종이 되었을 경우에 일곱째 해에는 해방시켜 주라는 규정입니다. 이 법 규정이 여종에게는 동등하게 적용되지 않는다는 한계를 가지지만 그럼에도 불구하고 이 법의 취지는 묵상해 볼 만합니다. 이 법은 적어도 칠 년마다 종속 관계를 청산하고 형제 관계를 회복하라고 요청합니다. 종속 관계가 발생한 배경이나 이유가 무엇이든 간에, 성경은 그러한 관계가 지속되는 것은 바람직하지 않다고 봅니다. 그래서 종속 관계를 형제 관계로 회복할 수 있는 가능성을 열어 줍니다. 이는 물론 옛 규정이지만 우리 삶에 필요한 지혜를 제공합니다. 만약 우리가 적어도 칠 년마다 왜곡되고 빗나가 버린 인간관계를 회복하려는 노력을 기울인다면, 우리가 사는 세상은 조금은 더 살맛 나는 세상이 될 것입니다.

열아홉 번째 여정의 쉼터는 여태까지와는 조금 다르게 꾸며 보았습니다. 쉼터는 천막 안에 마련하였고, 거기에는 앉아서 오랜 시간을 보내도 좋을 아주 편안한 의자와 탁자를 준비해 두었습니다. 그리고 두 개의 거울을 걸어 놓았습니다. 하나는 이미 살펴본 20,22-21,11 말씀의 거울이고, 다른 하나는 아직 다루지 않은 21,12-22,19 말씀의 거울입니다. 먼저, 첫 번째 거울과 더불어 시간을 보내십시오. 탈출기의 해당 본문과 위의 안내를 읽고 그 거울 앞에서 천천히 자신의 모습을 비추어 보시기 바랍니다. 그다음에는 편안한 의자에 앉아 21,22-22,19 말씀을 천천히 읽어 보시기 바랍니다. 그리고 그 말씀 가운데 내 삶에 적용할 수 있는 부분이 있는지 찾아보십시오. 만약 있다면 그것을 어떻게 적용할 수 있는지 묵상하여 보시기 바랍니다. 그러면 법에 대한 거부감을 극복할 수 있을 뿐만 아니라 법 뒤에 감추어진 사랑의 지혜를 만나게 될 것입니다.

20

진실한 예배와 진실한 관계

우리는 시나이산 기슭에 쳐 놓은 천막 앞에서 모세를 통하여 계약 법전의 말씀을 듣고 있습니다. 긴 말씀을 듣기에 지친 사람들의 모습도 보입니다. 그러나 이 말씀은 그들이 앞으로 맺게 될 계약의 조건에 대한 것이니만큼 대부분의 사람은 아주 진지하게 귀를 기울이고 있습니다. 스무 번째 여정은 '윤리적·종교적 권고 모음'에 해당하는 법들과 함께 걸어 보도록 하겠습니다. 이 부분은 공동체에 관한 규정과 하느님에 관한 규정이 교차적으로 배치되어 있습니다. '약자 보호법'(22,20-26)과 '정의 실현에 관한 법'(23,1-9)이 공동체에 관한 규정이라면, '하느님을 섬기는 법'(22,27-30)과 '안식년과 안식일, 그리고 삼 대 축제에 관한 법'(23,10-19)은 하느님에 관한 규정이라 할 수 있습니다.

먼저 공동체에 관한 규정부터 살펴보겠습니다. 이 법에는 당시 사람들이 공동체를 유지하기 위하여 중요하게 여겼던 가치들이 반영되어 있습니다. 약자 보호법의 규정(22,20-26)에는 과부와 고아, 이방인과 가난한 이들에 대한 관심이 나타납니다. 이들은 모두 그 사회에서 스스로 자신의 권리를 지켜 낼 수 없는 약자였습니다. 약자 보호법은 이 약자들을 어떻게 보호할지, 또 왜 보호해야 하는지에 대해 설명합니다. 첫째, 그들과 함께 살아가는 이방인들을 억압하거나 학대하지 말라고 규정합니다. 그 이유는 이스라엘 백성도 이집트 땅에서 이방인으로 살았기에 이방인이 겪을 수밖에 없는 불이익과 결핍을 누구보다 잘 알고 있기 때문입니다. 둘째는 아무도 보호해 줄 이가 없는 고아와 과부를 억누르지 말라고 합니다. 그들이 하느님께 부르짖으면 고아와 과부들의 아버지이신 하느님께서 그들을 대신하여 복수하실 것이기 때문입니다. 셋째는 다른 이들에게 빚을 내어 살 수밖에 없는 가난한 이들에게 이자를 물리거나 채권자 행세를 하지 말라는 것입니다. 그리고 만약 그들의 겉옷을 담보로 잡았으면 해가 지기 전에 돌려주라고 규정합니다. 자비하신 하느님께서는 이들의 부르짖음을 외면하지 않으실 것이기 때문입니다.

약자 보호법은 이런 규정들을 통하여 공동체가 건강하게 유지되려면 공동체 안에서 가장 약한 이들의 삶을 보호하는 장치가 마련되어야 한다는 사실을 가르칩니다. 한 사회나 국가의 건강도 마찬가지일 것입니다. 가장 약하고 소외된 이들의 삶을 보장할 수 있는 장치를 적극적으로 마련할 때 비로소 그 사회나 국가는 진정한 안정을 누릴 수 있습니다. 약자 보호법은 또한 하느님의 시선이 어디를 향하고 있는지를 분명하게 보여 줍니다. 하느님은 가난하고 소외된 이들의 울부짖음을 외면하지 못하시는 분입니다. 그분은 끊임없이 그들의 안녕에 마음을 쓰시는 분입니다. 하느님의 이런 속성 때문에 하느님을 섬기는 것과 가난한 이들을 돌보는 일은 하나로 연결됩니다.

정의 실현에 관한 법(23,1-9) 역시 공동체의 삶을 위한 규정입니다. 이 법은 무엇보다 관계에서 정의를 지킬 것을 요구합니다. 관계의 정의는 진실에 바탕을 둘 때에만 가능합니다. 따라서 이 법은 다양한 차원의 사실 왜곡을 금지합니다.

첫째, 있지도 않은 사실을 유포하거나 주장하는 것을 금지합니다. 다시 말해, 헛소문을 퍼뜨리거나 거짓 증언을 하는 것, 다수를 따라 정의를 왜곡하는 것이 금지되는데, 이는 모두 누군가의 생명을 해치는 두려운 결과를 낳기 때문입니다. 둘째, 뇌물 때문에 사실을 왜곡하는 일이 없어야 한다고 규정합니다. 그래서 뇌물을 받고 정의를 왜곡하거나 가난한 이들의 권리를 박탈하는 일이 있어서도 안 된다고 명합니다. 부자라고 편들거나 가난하다고 편들지도 말며, 편파적인 재판으로 법적 정의를 왜곡하지 말라고 합니다. 정의 실현에 대한 요구는 인간관계를 넘어 집짐승에게도 해당됩니다. 비록 원수의 소나 나귀라고 하더라도 길을 잃거나 쓰러져 있을 때 외면하지 말고 돌보아 줄 것을 요구합니다.

하느님에 관한 법규 역시 공동체를 위한 규정과 밀접히 연관되어 있습니다. 하느님을 섬기는 법(22,27-30)은 하느님을 욕하지 말 것을 명령하는데, 이는 백성의 수장을 저주하지 말라는 규정과 연결되어 있습니다. 하느님이 백성의 수장을 선택하셨기에 그 수장을 모독하는 것은 곧 하느님을 모독하는 것과 같다고 봅니다. 또한 곡식의 맏물과 짐승의 맏배, 맏아들은 하느님께 속한 것이므로, 주저하지 말고 기꺼이 그것을 하느님께 바치라고 말합니다. 이어서 거룩하신 하느님께 속한 거룩한 백성으로서 그들이 거룩함을 드러내는 한 가지 방법은 맹수에게 찢긴 짐승의 고기를 먹지 않는 것이라고 규정합니다.

안식년의 휴경과 안식일의 쉼도 하느님을 섬기는 방법으로 제시됩니다(23,10-13). 안식일의 쉼은 하느님을 섬기는 것일 뿐만 아니라, 소와 나귀, 종과 이방인들 역시 쉬게 하려는 인도주의적 배려이기도 합니다. 하느님 이외에 다른 신들을 예배하는 것을 금하는 규정도 다시 언급됩니다(23,13). 이어지는 연중 삼 대 축제에 관한 법(23,14-19)은 적어도 일 년에 세 번, 무교절과 수확절, 추수절에 모든 남자가 주님 앞에 나와 그분을 예배해야 한다고 규정합니다. 하느님께 나아올 때는 빈손으로 나와서는 안 되며, 땅에서 얻은 맏물 가운데 가장 좋은 것을 가져오고 누룩이 든 빵은 바치지 말라고 합니다. 축제에 관한 이런 규정은 하느님을 섬기는 일이 개인적인 차원에 국한되지 않도록 해 줍니다. 함께 모여 하느님을 예배하면서, 하느님을 섬기는 일이 이웃을 섬기는 일과 별개일 수 없음을 확인하게 되는 것입니다.

지금까지 우리는 시나이 계약의 조건이 되는, 십계명과 후문(23,20-33)을 제외한 계약 법전의 모든 내용에 대해 들었습니다. 이것은 이스라엘 백성이 하느님과 계약을 맺기 위해서 반드시 거쳐야 하는 준비 과정이었습니다. 계약을 맺으려면 그 계약에 포함된 내용을 충분히 숙지해야만 하기 때문입니다. 하지만 법이라는 것은 어쩐지 사랑과는 거리가 먼 것처럼 느껴지고, 우리를 구속하는 것처럼 여겨집니다. 과연 성경의 법도 그러할까요?

십계명과 계약 법전의 의미를 제대로 이해하려면 이 법 규정을 이스라엘 백성의 역사 안에서 바라보아야 합니다. 하느님께서 이스라엘 백성에게 계약을 제안하신 때는 언제였습니까? 그 계약의 조건으로 이 법 규정들을 계시하신 때는 언제였습니까? 이스라엘 백성은 이 계약을 맺기까지 오랜 준비 과정을 거쳤습니다. 그들은 먼저 자신들의 계약 상대가 될 하느님이 어떤 분이신지를 알아야 했습니다. 그들은 하느님이 '아브라함의 하느님, 이사악의 하느님, 야곱의 하느님'일 뿐만 아니라 '우리를 구원하시는, 우리의 하느님'이심을 체험할 필요가 있었습니다. 이스라엘은 이집트의 종살이에서 해방되는 전체 과정에서 하느님이 자신들 편에 서신 분임을 알아 갔습니다. 하느님은 그들을 위하여 파라오를 설득하고자 열 가지 재앙을 이집트 땅에 일으키셨고, 바다의 기적을 통하여 이스라엘이 무사히 마른 땅을 걸어서 바다를 가로지르게 하셨습니다. 광야에 들어선 후에는 그들의 목마름과 굶주림을 채워 주셨고, 낮에는 구름 기둥으로, 밤에는 불기둥으로 그들 곁을 떠나지 않으셨으며, 아말렉족의 침입에서 그들을 구해 주셨습니다. 이와 같이 이스라엘 백성은 계약을 제안 받기 전에, 법을 받기 전에 하느님의 사랑을 깊이 체험하였습니다. 그 체험을 통하여 그들은 하느님과 사랑의 관계를 맺었습니다. 사랑이 먼저 있었고, 그다음에 법이 왔습니다. 따라서 이스라엘 백성에게 주어진 법은 하느님께 가까이 다가가기 위한 조건을 채우는 것이 아니라, 하느님의 사랑받는 백성으로서 살기 위한 규정입니다.

사랑이 먼저 있었기 때문에, 백성이 법을 어긴다 하더라도 그것이 하느님의 사랑을 없애지 못합니다. 그래서 백성이 하느님의 법을 크게 어겨 시나이 계약이 파기되고 그 결과 땅을 잃게 되었다 하더라도, 하느님은 새 계약을 제안하십니다. 그분이 먼저 이스라엘을 사랑하셨고, 이스라엘도 법보다 먼저 하느님의 사랑을 알았습니다. 법은 하느님과 맺은 사랑의 관계를 살아가는 방식이며, 또 다른 이들에게 하느님의 사랑을 입증하는 길입니다. 그러므로 우리도 법보다 먼저 하느님의 사랑을 알아듣고 체험할 필요가 있습니다. 그렇게 될 때 법은 우리를 구속하는 수단이 아니라 해방하는 수단임을 이해하게 됩니다.

스무 번째 쉼터에서는 계약 법전의 윤리적·종교적 권고들 (22,17-23,19)과 함께 머물러 보겠습니다. 열아홉 번째 쉼터에서 마련한 바로 그 자리를 그대로 쓰겠습니다. 편안한 의자에 앉아 쉬고 싶은 만큼 시간을 가지십시오. 이번에는 계약 법전이라는 거울에 우리 공동체를 비추어 봅시다. 우리 각자는 모두 이러저러한 공동체에 속해 있습니다. 어떤 이들은 가정이라는 공동체에, 또 어떤 이들은 본당의 한 단체에 소속되어 있습니다. 또 우리는 모두 본당 공동체에, 교회 공동체에, 크게는 국가 공동체에, 더 크게는 온 세상이라는 공동체에 속해 있습니다. 다음 질문에 비추어 우리 공동체의 모습을 살펴봅시다.

- 우리가 속해 있는 공동체에서 약자로 볼 수 있는 이들은

누구입니까? 구체적으로 그들을 떠올려 봅시다. 그들은 우리 공동체에서 어떻게 살아가고 있습니까? 우리는 그들을 위해 어떤 배려와 나눔을 실천하고 있습니까?

- 공동체에서 우리가 나누는 관계는 진리에 바탕을 두고 있습니까? 사실로 확인되지 않거나 진실이 아닌 정보들이 힘을 행사하고 있지는 않습니까?
- 우리 공동체가 하느님께 드리는 예배는 어떠합니까? 하느님은 진실하게 예배드리는 이들을 찾고 계십니다(요한 4,23). 과연 하느님을 참되게 예배한다는 것이 무엇을 의미한다고 생각합니까? 공동체의 전례 시간에 참여하는 것뿐만 아니라 삶을 통하여, 일상에서 하느님을 예배하고 흠숭하려면 어떻게 해야 할까요?

21

계약 체결

스물한 번째 여정에서 우리는 하느님과 이스라엘 백성 사이에 계약이 체결되는 것을 목격할 것입니다. 19장은 이스라엘 백성이 시나이산에 이르렀다는 사실을 보도하였고, 이때 하느님은 그들과 맺을 계약을 제안하셨습니다(19,5-6). 이 계약은 24장에서 체결됩니다. 그러므로 19-23장, 곧 다섯 개의 장이 하느님과 이스라엘 백성이 맺을 계약을 준비하는 데 할애된 셈입니다. 계약을 체결하기에 앞서 이스라엘 백성은 계약이 내포하는 내용이 무엇인지를 충분히 숙지할 필요가 있었습니다. 바로 이런 이유로 이스라엘의 새로운 정체성에 맞갖은 삶에 대한 규정을 담은 십계명과 계약 법전이 소개되었습니다. 탈출기가 계약 체결의 준비 과정을 설명하기 위하여 다섯 개의 장을 할애한 것과 마찬가지로, 우리도 열일곱 번째 여정부터 지금까지, 곧 다섯 번에 걸친 여정을 통하여 십계명과 계약 법전에 선포된 내용을 묵상해 보았습니다. 이 스물한 번째 여정에서는 계약 법전을 종결짓는 후문(23,20-33)과 계약 체결에 대해 보도하는 24장을 살펴보겠습니다.

계약 법전의 끝부분인 후문은 이스라엘 백성이 계약의 내용을 준수할 때 주어질 축복을 간략히 열거하고, 그 규정을 준수하지 않을 때 일어날 불행한 결과를 경고합니다. 계약 법전의 후문은 비교적 짧고 간결하지만, 신명기 법전(신명 12-26장)에는 훨씬 더 긴 축복과 저주의 목록(신명 28,1-68)이 첨부되어 있습니다. 레위기의 성화 법전(레위 17-26장) 또한 그 법전의 말미(레위 26,3-39)에 순종에 따라오는 상과 거역에 따르는 벌의 목록을 포함시킵니다. 신명기 법전이나 성화 법전에는 축복의 목록보다 저주의 목록이 훨씬 더 길지만, 계약 법전의 후문에서는 축복의 목록이 경고보다 훨씬 더 깁니다. 먼저, 계약 법전의 후문에는 하느님께서 이스라엘 백성을 위하여 무엇을 하실 것인지가 열거됩니다. 하느님은 이스라엘 백성 앞에 천사를 보내시어 약속의 땅에 이르는 길을 안내하게 할 것입니다. 그리고 주님에 대한 공포와 말벌을 이방인들에게 보내어 이스라엘 백성이 약속의 땅을 차지할 수 있게 해 주겠다고 약속하십니다. 그뿐 아니라 만약 이스라엘 백성이 천사의 말을 듣고 하느님이 주신 규정을 준수하기만 한다면, 질병과 유산, 불임이 그들 가운데에 없을 것이며, 넉넉히 먹고 마시면서 장수를 누리게 될 것이라고 말씀하십니다. 그런데 만약 이스라엘이 이방 민족의 신들과 계약을 맺고, 이방인들이 이스라엘의 땅에 머무르게 하며 그들의 신들을 섬긴다면 그 이방 민족들이 이스라엘에게 덫이 될 것이라고 경고하십니다.

모세가 계약의 책(계약 법전)에 담긴 하느님의 모든 말씀을 전하자, 백성은 "주님께서 말씀하신 모든 것을 실행하고 따르겠습니다"(24,7) 하고 응답합니다. 이로써 계약이 체결되었습니다. 시나이 계약의 체결 과정을 들려주는 24장은 사실상 서로 다른 세 전승으로 구성되어 있습니다. 시나이 계약을 체결하는 표지가 전승에 따라 식사, 피, 증언판으로 각각 다르게 설명됩니다. 한 전승에서는 모세와 아론, 나답과 아비후, 그리고 원로 일흔 명이 산에 올라가 하느님을 뵙고 식사를 함으로써 계약이 체결됩니다(24,1-2.9-10). 다른 전승에서는 모세가 산기슭에 제단을 쌓고 기념 기둥 열둘을 세운 후 이스라엘의 젊은이들로 하여금 주님께 번제물과 친교 제물을 바치게 합니다. 그리고 짐승 피의 절반을 제단에 뿌린 다음, 계약의 책 내용을 듣고 '실행하며 따르겠습니다' 하고 응답한 백성에게 나머지 피를 뿌립니다. 그런 다음 모세가 "이는 주님께서 이 모든 말씀대로 너희와 맺으신 계약의 피다"라고 말함으로써 계약이 체결됩니다(24,3-8). 또 다른 전승에서는 모세와 여호수아만이 하느님의 산으로 올라갔고, 모세가 구름 덮인 산속에서 사십 주야를 보낸 후 하느님께서 쓰신 돌로 된 증언판을 받아옴으로써 계약이 체결됩니다(24,12-18; 31,18).

이 시나이 계약은 상호적인 것으로, 이스라엘 백성은 이 계약에 따른 의무를 지게 되고 하느님 역시 그러합니다. 이 계약의 상호성을 아주 잘 드러내 주는 본문이 신명 26,17-19입니다. 이 본문에 따르면 시나이 계약이 체결될 때 이스라엘 백성은 주님 앞에서 이렇게 선언하였다고 합니다.[19] '이제

19_ 이스라엘 백성과 주님의 선언문은 히브리어 원문에서 필자가 직접 번역한 것입니다. 원래 이 단락은 계약을 맺은 당사자가 계약의 비준을 선언하며 계약

당신은 저희의 하느님이십니다. 저희는 당신의 길을 따라 걸으며, 당신의 규정과 계명과 법규들을 지키며, 당신의 말씀을 듣겠습니다.' 하느님께서도 이스라엘에게 이렇게 선언하셨습니다. '이제 너희는 내가 말한 대로 나의 모든 계명을 지키는 나의 소유인 백성이 된다. 나는 너희를 찬양과 명성과 영화 안에서 내가 만든 모든 민족들 위에 높이 세우며, 내가 말한 대로 너희를 너희의 주 하느님이신 나의 거룩한 백성이 되게 할 것이다.'

계약에 따라오는 의무를 충실히 지키는 것을 의미하는 단어가 히브리어 '헤세드'입니다. 이스라엘 백성은 그들의 하느님께서 언제나 당신의 계약에 충실하셨다고 고백합니다. 곧 하느님은 그들에게 늘 당신의 헤세드를 보여 주셨습니다. 헤세드는 성경에서 '자애', 또는 '한결같은 사랑'으로 번역됩니다. 이스라엘 편에서 하느님과 맺은 계약에 성실한 것 역시 히브리어로는 헤세드로 표현됩니다. 이스라엘의 헤세드는 성경에서 '성실', '충실성', '신의' 등으로 번역됩니다. 그런데,

---

에 따라오는 의무를 각각 선포한 것이었기 때문에 원래의 맥락이 보다 잘 살아나도록 3인칭으로 되어 있는 문장을 1인칭으로 고쳐서 번역하였습니다.

이스라엘은 자주 하느님과 맺은 계약의 의무를 이행하지 않았습니다. 헤세드를 보여 주는 데 실패한 것입니다. 그래서 호세아 예언자는 그가 활동하던 당시의 북이스라엘 백성에게 '주님의 고소장'을 전달합니다. 그들이 헤세드를 철저하게 저버린 까닭에 주님께서 이스라엘 백성을 거슬러 소송을 제기하신 것입니다. 그 고소장의 전문은 이러합니다.

"주님께서 이 땅의 주민들을 고소하신다.
정녕 이 땅에는 진실도 없고 신의(헤세드)도 없으며
하느님을 아는 예지도 없다.
저주와 속임수와 살인
도둑질과 간음이 난무하고
유혈 참극이 그치지 않는다.
그러므로 이 땅은 통곡하고 온 주민은 생기를 잃어 간다.
들짐승과 하늘의 새들
바다의 물고기들마저 죽어 간다"(호세 4,1-3).

이 고소장은 헤세드가 사라진 세상을 고발합니다. 헤세드가 사라지면 하느님과 인간 사이의 관계는 파괴됩니다. '하느님을 아는 예지가 없다'는 말이 바로 이것을 의미합니다. 하느님과 인간의 관계가 파괴되는 것에 그치지 않고, 인간과 인간 사이의 관계 파괴로까지 이어집니다. 그 결과가 바로 저주와 속임수, 살인과 도둑질, 간음입니다. 이것들은 십계명의 후반부 일곱 계명에 대한 위반이 아닙니까? 인간과 인간의 관계 파괴는 인간과 피조물의 관계도 파괴시킵니다. 그 결과 땅과 다른 모든 피조물이 생기를 잃고 죽어 갑니다. 우리는 호세아 예언서에 언급된 이 통찰이 오늘날 이 세상에서 고스란히, 아니 어마어마한 규모로 재현되고 있음을 목격하고 있습니다.

이런 사실들을 염두에 둘 때 탈출기에 제시된 하느님과 이스라엘이 맺은 계약은 이스라엘이라고 하는 한 민족의 차원에 국한된 사건이 아니라, 우주론적이고 존재론적인 의미를 가진 사건이라 할 수 있습니다. 이 계약은 우주를 구성하는 궁극적인 요소들과 우리가 어떻게 관계를 맺을 것인가를 규정하는 것이자, 세상의 근원적인 질서를 존중하며 사는 삶으로 초대하는 것이라고 할 수 있습니다.

스물한 번째 쉼터는 식사를 통하여 계약을 체결하는 자리에 마련하였습니다. 그 자리에는 모세와 아론, 나답과 아비후, 그리고 원로 일흔 명이 참석하였습니다. 그들은 다 같이 산에 올라가 하느님을 뵙고 그곳에서 식사를 하였습니다. 함께 나누는 식사는 계약 체결에 따른 기쁨을 나누고, 서로 하나가 되는 자리입니다. 우리도 그들의 일원이 되어 계약 체결을 기뻐하며, 그들과 함께 빵을 나누어 먹읍시다. 식사가 끝나고 나면, 그 자리에 걸어 둔 24장 말씀의 거울 앞에 서 보시기 바랍니다. 이스라엘 백성이 시나이산에서 하느님과 맺은 계약을 거울삼아 우리 자신이 하느님과 맺은 계약을 돌아볼 필요가 있습니다. 우리 역시 세례성사를 통하여 하느님과 계약을 맺었습니다. 계약에 대해 생각하면, 우리는 계약에 따라오는 의무를 먼저 떠올리게 됩니다. 하지만 이번에는 계약에 따라오는 혜택이 무엇인지를 한번 돌아보았으면 합니다.

시나이 계약에도 계약을 준수할 때 주어지는 축복이 있었듯이 하느님과 계약을 맺은 우리 각자에게 주어진 축복과 혜택은 무엇일까요? 여러분은 세례성사라는 계약을 통하여 어떤 은총을 받으셨습니까? 이 계약 덕분에 누리게 된 축복은 무엇입니까? 이 계약을 통하여 하느님께서 우리 각자에게 약속하신 것은 무엇인가요? 하느님은 그 약속에 성실하셨습니까? 하느님과 우리 각자가 맺은 계약의 역사 안에 하느님께서 남기신 자취를 천천히 찾아보시기 바랍니다. 저는 하느님과 맺은 계약에 대해 우리가 어떻게 응답했는지는 일부러 질문하지 않았습니다. 나의 부족함을 돌아보기보다 하느님께서 내게 베풀어 주신 축복과 은혜를 더 먼저, 그리고 충분히 돌아보셨으면 하는 바람에서입니다.

22

성막의 지성소와 우리 마음의 지성소

스물두 번째 여정은 꽤 긴 여정이 될 것 같습니다. 우리는 모세와 함께 시나이산에서 사십 일을 보낼 것입니다. 24,12에서 하느님은 모세에게 율법과 계명을 기록한 돌 판을 주시겠다며 시나이산으로 올라오라고 말씀하셨습니다. 그런데 하느님이 직접 쓰신 두 증언판이 모세에게 주어진 것은 31,18에서입니다. 이 두 사건 사이에는 사십 일의 간격이 있습니다. 모세가 증언판을 받아 산에서 내려올 때까지 그가 하느님에게서 들은 말씀이 탈출 25-31장에서 소개됩니다. 이는 모두 성막 건설과 성막에서 사용될 기물 제작에 관한 말씀입니다. 모세는 이 모든 말씀을 듣고 증언판을 들고 시나이산에서 내려 옵니다.

탈출기를 주의 깊게 읽어 보신 분들은 25-31장에 나오는 말씀이 35-40장에 거의 그대로 반복되고 있음을 발견하셨을 것입니다. 35-40장은 성막 건설에 대한 보도입니다. 하느님께서 모세를 통하여 말씀하신 그대로 성막이 건설되었음을 강조하기 위하여 25-31장 말씀을 반복하는 것입니다. 왜 탈출기 저자는 성막 건설과 관련하여 이토록 많은 장을 할애할까요? 앞의 일곱 장은 성막을 어떻게 건설해야 하는지를 설명하고, 뒤의 여섯 장은 성막을 하느님께서 보여 주신 모형대로 건설하였다는 사실을 보도합니다. '모세는 하느님께서 지시한 그대로 성막을 만들었다'고 한마디만 하면 될 것을 왜 성경 저자는 지루해 보일 정도의 반복을 마다하지 않는 것일까요?

그것은 바로 시나이 계약이 주는 혜택이 하느님의 현존이기 때문입니다. 시나이 계약의 결과로 이제 하느님은 백성 가운데 계실 것입니다. 그리고 하느님의 현존은 이스라엘 백성이 누리게 될 모든 복의 원천이 될 것입니다. 그러기에 이스라엘 백성은 하느님을 모시기에 적합한 장소를 마련해야 합니다. 거룩하신 하느님은 아무 곳에나 계실 수 없기 때문입니다. 하느님은 거룩하신 분이므로 그분을 모실 장소는 그분께 합당한 정결한 장소가 되어야 합니다. 합당함의 근거는 오직 하느님에게서만 올 수 있습니다. "내가 너에게 보여 주는 성막의 모형과 온갖 기물의 모형에 따라 모든 것을 만들어라"(25,9). 이 말씀은 성막의 모형이 바로 하느님에게서 온 것임을 강조합니다. 이스라엘은 하느님께서 모세를 통하여 보여 주신 바로 그 모형에 따라 성막과 그 성막에서 사용될 모든 기물을 제작할 것입니다.

하느님께서 현존하실 거룩한 장소는 보통 장소와 구분될 필요가 있습니다. 그래서 거룩한 장소임을 표시하는 성막이 지어질 것이며, 이 성막은 거룩함을 보호하는 성막 뜰로 둘러싸이게 됩니다. 성막 뜰 남쪽과 북쪽에 각각 스무 개씩 기둥을 세우고, 서쪽에는 열 개의 기둥, 그리고 동쪽에는 입구가 있어야 하기 때문에 입구 양쪽으로 각각 세 개의 기둥을 세웁니다(27,9-19). 이 기둥들에 휘장을 둘러침으로써 바깥 세상과 성소는 구분됩니다. 성막 뜰 안에 성막이 자리합니다.

성막은 나무 기둥을 세우고 그것을 커룹이 수놓인 폭이 넓은 천으로 두른 다음, 네 겹의 덮개를 덮음으로써 완성됩니다. 커룹이란 여러 동물의 특징적 부분을 합성한 상상의 동물입니다. 예를 들면 커룹의 일종인 스핑크스는 인간의 얼굴에 사자의 몸과 독수리의 날개를 가지고 있습니다. 에제 1,5-11에 묘사된 커룹은 얼굴과 날개가 각각 네 개입니다. 고대 근동에서 이러한 동물들은 종종 임금을 보호하는 수호 동물로 여겨져, 주로 옥좌나 궁궐 입구에 설치되었습니다. 구약 성경의 경우 커룹은 에덴 동산 동쪽에서 생명 나무로 이르는 길을 지키거나(창세 3,24), 계약의 궤를 덮는 속죄판 양쪽 끝에 설치되어(25,18-22), 하느님의 거룩한 현존이 임하는 자리를 보호하는 역할을 합니다. 성막 덮개에 커룹을 수놓는 것도 거룩함을 지키기 위한 목적에서라고 볼 수 있습니다. 히브리어인 '커룹'의 복수형이 '케루빔'입니다.

성막은 성소와 지성소로 이루어졌고, 성소와 지성소 사이에는 커룹들이 수놓인 휘장이 쳐져 있습니다. 성소가 사제들만이 들어갈 수 있는 장소라면, 지성소는 대사제만이 일 년에 한 번 들어갈 수 있는 가장 거룩한 장소입니다. 이처럼 성막 성전은 나중에 지어질 솔로몬 성전과 마찬가지로 '뜰 - 성소 - 지성소'의 삼분 구조로 되어 있습니다.

성막이 세워지면, 성소의 가장 안쪽인 지성소에는 계약 궤가 놓입니다. 계약 궤는 아카시아 나무에 순금을 안팎으로 입혀 만듭니다. 이 궤는 길이가 약 1.25미터, 너비와 높이가 0.75미터인 상자로, 네 귀퉁이에 고리가 달려 있어서 두 개의 채를 이 고리에 끼워 궤를 이동할 수 있습니다. 순금으로 만든 이 상자의 덮개를 속죄판이라 부릅니다. 대사제는 일 년에 한 번 대속죄일에 속죄 제물로 바친 짐승의 피를 속죄판에 바름으로써 성소를 정화합니다. 속죄판의 양 끝에 금으로 만든 커룹 둘을 만듭니다. 이 커룹들의 날개는 속죄판을 덮을 수 있도록 서로 맞닿아 있고, 커룹들의 얼굴은 속죄판을 향하여 숙여져 있습니다. 이 커룹들 위에 하느님이 현존하십니다. 그래서 '커룹들 위에 좌정하시는 하느님'이라는 호칭이 성경에 자주 나옵니다.[20] 계약 궤 안에는 하느님께서 주실 증언판을 보관합니다. 고대 근동의 신전에서는 가장 안쪽에 신상이 놓이는데, 이스라엘에서는 성소의 맨 안쪽 곧 지성소에 신상 대신 하느님의 말씀이 자리합니다.

계약의 궤가 지성소와 성소를 구분하는 휘장 안쪽에 있다면 휘장 바깥 쪽, 곧 성소에 놓이게 되는 기물들은 분향 제단

---

[20] 1사무 4,4; 2사무 6,2; 2열왕 19,15; 1역대 13,6; 시편 80,2; 99,1; 이사 37,16; 다니 3,55 참조.

과 제사상, 순금 등잔대입니다. 분향 제단은 휘장 바로 앞에 놓이며, 사제는 아침과 저녁마다 이곳에서 주님께 향을 피웁니다. 아카시아 나무에 순금을 입혀 만드는 제사상에는 하느님께 봉헌될 빵이 놓이며, 이스라엘의 열두 지파를 상징하는 열두 개의 빵이 차려집니다. [21] 등잔 일곱 개가 놓일 순금 등잔대는 사제들만 들어갈 수 있는 성소의 어둠을 밝히기 위해 사용될 것입니다. 이때 사용하는 기름은 올리브를 찧어서 짠 순수한 기름이며, 사제들은 성소의 불이 꺼지지 않도록 보살펴야 합니다. 성막의 뜰에 놓이게 될 기물은 아카시아 나무에 청동을 입혀 만든 번제 제단과 사제들이 몸을 씻을 수 있도록 물을 보관하는 물두멍입니다.

21_ 사실 성소에 차려진 이 제사 빵은 신을 위한 음식으로 차려진 것이 아니라 사제를 위한 것입니다. 제사상에 차려진 빵 열두 개는 매 안식일마다 교환되며, 이 빵은 오직 사제들만 먹을 수 있었습니다(레위 24,5-9 참조). 그런데 1사무 21,5에서 아히멜렉 사제는 이 거룩한 빵을 사제가 아닌 다윗에게 내줍니다. 여자들만 가까이 하지 않았다면, 곧 부정한 상태가 아니라면 사제가 아닌 이들도 거룩한 제사 빵을 먹을 수 있다고 여겨지던 때를 배경으로 한 이야기라고 볼 수 있습니다. 그러므로 이 빵을 사제들만 먹을 수 있는 것으로 규정한 레위 24,5-9은 1사무 21,5보다 훨씬 더 후대에 제정된 것임을 알 수 있습니다.

번제 제단의 네 귀퉁이에는 뿔이 있는데, 이 제단의 뿔이 갖는 기능은 다음 본문을 통하여 짐작할 수 있습니다. "악의로 흉계를 꾸며 이웃을 죽였을 경우에는, 그가 내 제단을 붙잡았더라도 끌어내어 사형에 처해야 한다"(21,14). 고의적인 살인의 경우에는 비록 제단의 뿔을 잡았다고 하더라도 사형을 면할 수 없다는 이 말씀에서, 실수로 살인을 한 경우에는 제단의 뿔이 피신처 역할을 하였음을 짐작할 수 있습니다. 아도니야가 솔로몬의 즉위 소식을 듣고 두려워 제단의 뿔을 잡았을 때 솔로몬이 그를 조건부로 사면해 준 것이 그 예입니다(1열왕 1,50). 그러나 같은 처지에서 제단의 뿔을 잡은 요압은 브나야의 손에 죽임을 당하였습니다(1열왕 2,28). 이런 일화들은 이스라엘 역사의 어떤 시기에 번제 제단의 뿔이 이스라엘 백성 사이에서 피신처로 여겨졌는지를 보여 줍니다.

그렇다면 왜 제단의 뿔이 피신처로 여겨지게 되었을까요? 제단이 하느님을 상징한다면, 제단의 뿔은 하느님의 권능을 상징합니다. 그래서 제단의 뿔을 하느님의 힘과 신성이 깃든 중심으로 여겼습니다. 제단과 제단의 뿔이 한 덩어리로 제작되기 때문에 제단의 뿔을 잘라내는 것은 곧 제단을 파괴하는 행위를 의미했습니다. 그래서 그 뿔을 잡는 자는 하느님의 보호를 받을 수 있다고 간주되었습니다. 제단의 뿔이 하던 피신처 역할을 점차 도피 성읍이 대체한 것으로 보입니다. 이러한 변화는 이스라엘이 하느님께서 당신 이름을 두기로 선택하신 단 한 곳, 곧 예루살렘에서만 하느님께 제사를 드리도록 제한하는 신명기의 규정이 적용된 기원전 7세기 요시야 임금 때 본격적으로 이루어졌을 것입니다. 제단에 관한 신명기의 규정이 철저하게 적용되었다면, 실수로 살인을 한 이들이 사형을 면하기 위해서는 유일한 제단이 있는 예루살렘 성전으로 달려가야만 하는 상황이 발생하기 때문입니다.

성막과 성막 안에 자리할 기물들에 대한 모형을 설명한 후, 그 거룩한 장소에서 봉사할 사제들에 대한 규정을 제시합니다. 사제들은 성막에서 봉사할 때 특별히 성별된 의복을 입어야 합니다.

대사제는 가슴받이[22]와 에폿, 겉옷[23]과 수놓은 저고리, 쓰

22_ 이 가슴받이는 일종의 주머니로 여기에 우림과 툼밈을 넣습니다(28,30). 우림과 툼밈은 하느님의 뜻을 알아내는 데 쓰인 물건인데, 그것의 정확한 모습과 사용법은 알 길이 없습니다.

23_ 대사제의 겉옷 자락 둘레에는 석류와 금방울이 달려 있습니다(28,34). 이는 대

개와 허리띠를 입고, 머리에는 "주님께 성별된 이"(28,36)라는 문구가 적힌, 순금으로 된 성직패를 씁니다. 일반 사제들은 아마포 저고리와 띠, 쓰개를 입습니다. 성막에 봉사할 사제들은 특별한 임직 예식을 거쳐서 사제로서 성별됩니다. 사제들의 머리에 성별 기름을 부어 성별하고 칠일 간의 임직식을 거친 후에 사제로서 봉직하게 됩니다(28장; 29,1-35 참조). [24] 이외에도 제단을 축성하는 법과 일일 번제물에 대한 규정, 분향 제단과 물두멍의 제작 및 성유와 향료의 제조법과 용도에 대

사제가 주님의 성소에 드나들 때 방울 소리가 울리게 함으로써 그가 죽지 않게 하려는 목적이었다고 합니다. 이는 하느님에 대한 존경의 표시라고 할 수 있습니다. 방울 소리는 대사제가 하느님 앞에 나아감을 아뢰는 것으로, 하느님께 미리 알리지 않고 그분 앞에 드나들 수는 없기 때문입니다.

24_ 사제 임직식의 제물에 대한 설명에서 29,27은 '흔들어 바친 것'과 '들어 올려 바친 것'은 사제의 몫이 된다고 규정합니다. 이것은 사제계 전승에서 각각 '터누파'와 '터루마'로 언급되는 일종의 전문용어인데, 이 용어의 정확한 의미를 알 길은 없습니다. 유다인 학자들조차 그 의미를 밝힐 길이 없다고 말할 정도로 지금은 잊힌 전통에 속합니다. 어떤 예물을 바칠 때 그 예물은 사제의 몫으로 돌린다는 표시를 하기 위해 특정한 동작을 취했을 것이고, 그 행위를 지칭하는 말에서 이런 용어가 유래하였을 것으로 짐작할 따름입니다.

한 설명이 이어집니다.

그러면 이스라엘이 하느님께서 보여 주신 모형에 따라 제작하게 될 만남의 천막이 갖는 기능은 무엇일까요? 만남의 천막 곧 성소는 주님이 현존하시는 자리입니다. 하느님께서 이렇게 말씀하십니다. "내가 거기에서 이스라엘 자손들을 만나 주어, 그곳이 내 영광으로 거룩하게 될 것이다. … 나는 이스라엘 자손들 가운데에 머물면서 그들의 하느님이 되어 주겠다. 그러면 그들은 바로 내가 그들 가운데에 머물려고, 그들을 이집트 땅에서 이끌어 낸 주 그들의 하느님임을 알게 될 것이다"(29,43-46). 만남의 천막은 이스라엘 백성이 하느님을 만날 수 있는 자리이며, 하느님은 바로 이 만남을 위하여 그들을 이집트에서 이끌어 내셨다고 말씀하십니다. 이스라엘만 하느님을 만나고 싶어 하는 것이 아니라 하느님 또한 그들을 만나기 원하시며, 그들 가운데 머무르기를 간절히 바라십니다. 만남의 천막에서 거행될 모든 예식의 비용은 스무 살 이상의 남자들에게 인두세로 반 세켈을 거두어 충당하게 될 것입니다. 이 인두세는 각자의 '목숨 값'으로 주님께 바치는 속전입니다(30,12). 이 세금은 각 사람의 머릿수에 따라 매기는 것이기 때문에 부자나 가난한 이나 아무런 차등 없이 부과될 것입니다.

모세가 사십 일 동안 시나이산 위에서 하느님에게 들었던 이 모든 규정은 하느님께서 현존하시는 자리의 거룩함을 보존하기 위한 장치입니다. 하느님은 부정한 장소에는 머무실 수 없으므로, 이스라엘 백성은 성소의 거룩함을 보존하기 위하여 온갖 노력을 다 기울여야 했습니다. 성소가 부정해지면 하느님께서 그곳을 떠나실 것이며, 그렇게 되면 이스라엘은 하느님의 보호를 받지 못하고 멸망의 길에 들어서게 될 것이기 때문입니다. 이 모든 규정을 모세에게 말씀하신 후에 하느님께서는 당신이 직접 쓰신 두 개의 증언판을 모세에게 주셨습니다(31,18). 이렇게 하여 우리의 스물두 번째 여정도 마무리됩니다.

다음 여정으로 넘어가기 전에 쉼터에 들를 필요가 있겠지요? 모세가 하느님과 마주하였던 시나이산 꼭대기는 바람이 심해서 조금 아래로 내려온 중턱에 쉼터를 마련하였습니다. 바람을 피하도록 바위가 방벽이 되어 주는 곳에 기대앉아 휴식을 취하면서 그곳에 걸려 있는 24,12-31,18의 아주 긴 말씀의 거울에 우리 자신을 비추어 봅시다.

여기에서 들었던 모든 말씀은 하느님의 현존을 모시기에 합당한 장소를 어떻게 마련하고, 그 자리에서는 무엇을 해야 하는지에 대한 설명이었습니다. 이 말씀들을 되새겨 보면서 과연 우리는 하느님을 내 안에 모시기 위하여 어떤 노력을 기울이고 있는지 성찰하여 봅시다. 성전에 들어갈 때 거룩한 장소라고 의식합니까? 거룩한 장소에 들어설 때의 마음가짐과 몸가짐은 어떠합니까? 성막에서 가장 거룩한 곳은 계약 궤가 모셔져 있는 지성소입니다. 우리 마음에도 하느님을 모시는 자리가 있다면 우리 마음의 지성소는 그분을 모시기에 합당합니까? 마음의 지성소 안에 혹시 주님이 아니라 다른 것들이 들어서 있는 것은 아닙니까? 만약 그렇다면, 우리 마음의 지성소를 차지하고 있는 것들이 무엇인지 살펴보십시오. 그리고 그것들이 주님의 자리를 빼앗을 만큼 중요한 것인지를 따져 보시기 바랍니다. 그리고 마음의 지성소를 주님 모시기에 합당한 장소로 꾸며 보십시오. 혹시 그곳에 주님을 모시고 싶지만 주님이 계시지 않는 듯이 느껴진다면 주님을 모시고 싶은 간절한 원의를 주님께 말씀드리십시오. 이스라엘 백성이 성막과 지성소를 만들기 위하여 지극한 정성을 들였듯이, 우리도 그러한 정성으로 우리 마음의 지성소를 꾸몄으면 좋겠습니다.

23

금송아지와 계약 위반

스물세 번째 여정은 하느님에게서 증언판을 받아 든 모세가 시나이산 꼭대기에서 백성이 천막을 치고 있는 산기슭으로 내려가는 길을 따라 이어집니다. 모세가 산 아래로 내려가게 된 것은 주님께서 재촉하셨기 때문입니다. "어서 내려가거라. 네가 이집트 땅에서 데리고 올라온 너의 백성이 타락하였다"(32,7).

모세가 하느님께 증언판을 받기 위하여 산으로 올라갔던 사십 일 동안 이스라엘 백성은 하느님의 부재를 체험하였던 것으로 보입니다. 산으로 올라간 모세는 언제 산에서 내려올

지 알 길이 없고, 하느님은 과연 자신들과 함께 계시는지 의심스러워 보였습니다. 그래서 모세가 산에 올라가 있는 동안 이스라엘 백성에게 중대한 사건이 일어났고, 이것이 바로 주님의 분노를 야기하게 된 것입니다. 사건의 전모는 32장에 보도됩니다.

모세가 산 위에서 하느님에게 성막 건설과 성소의 기물 제작에 관한 말씀을 듣고 있는 동안, 산 아래에 있던 백성은 모세의 지연을 감당하지 못하고 아론에게 '앞장서서 우리를 이끄실 신을 만들어 달라'(32,1)고 종용합니다. 백성은 그들을 여기까지 이끌어 주신 하느님도, 하느님의 종 모세도 신뢰하지 못했습니다. 보이지 않는 것을 믿고 기다린다는 것이 어리석게 여겨졌을지도 모릅니다. 하느님을 믿지 못한 그들은 당장의 불안을 해결하기 위하여 눈으로 보고, 손으로 만질 수 있는 것을 만들고 그것으로 안정을 찾고자 합니다. 이것은 그들이 만든 것이기에 언제든 보고 싶으면 볼 수 있고, 만지고 싶으면 만질 수 있는, 달리 말해서 그들 마음대로 할 수 있는, 그들의 뜻에 복종하는 신神입니다. 이것이 바로 우상입니다.

아론은 백성의 요구에 아무런 이의를 제기하지도 않고, 올바른 가르침을 주지도 않습니다. 그는 백성에게서 금귀고리를 거두어 녹인 후 거푸집에 부어 수송아지 상을 만듭니다. 그러자 사람들은 그 수송아지 상을 보고 "이스라엘아, 이분이 너를 이집트 땅에서 데리고 올라오신 너의 신이시다"(32,4) 하고 외쳤습니다.[25] 백성이 만든 신상은 다른 신의 상이 아닙니

---

[25] 아론이 만든 수송아지 상을 보고 백성이 외친 이 말을 우리는 성경의 다른 곳에서 다시 한번 듣게 됩니다. 북이스라엘 왕국의 첫 임금인 예로보암은 금송아지 상 두 개를 만든 후 백성에게 이렇게 말하였습니다. "이스라엘이여, 여러분을 이집트 땅에서 데리고 올라오신 여러분의 하느님께서 여기에 계십니다"(1열왕 12,28). 그런데, 탈출 32,4과 1열왕 12,28의 히브리어 원문을 비교하면 두 본문이 우리말 번역문보다 훨씬 더 유사하다는 것이 드러납니다. 두 본문을 직역하면 다음과 같습니다. 1열왕 12,28: "이스라엘이여, 여러분을 이집트 땅에서 데리고 올라오신 여러분의 신들께서 여기에 계십니다"('올라오신'의 동사 형태가 히필 완료형 3인칭 공통 복수이기 때문에 '신들'로 번역하는 것이 옳습니다. 금송아지 상이 두 개이므로 복수형을 쓴 것으로 보입니다). 탈출 32,4: "이스라엘아, 이들이 너를 이집트 땅에서 데리고 올라오신 너의 신들이시다"('이들'이 지시대명사의 복수 형태여서 이 지시대명사가 가리키는 명사도 복수로 보아야 합니다. 따라서 '신들'로 해석하는 것이 옳습니다). 그런데 탈출 32장에서는 아론이 수송아지 상 하나를 만들었기 때문에 복수 지시대명사를 사용하는 것이 문맥상 적절하지 않습니다. 그런데도 복수형이 사용된 이유는 1열왕 12,28이 더 오래된 본문이고, 그 본문의 영향을 받아 탈출 32장이 만들어졌기 때문으로 보입니다. 그렇다면 이 두 본문의 연관성을 어떻게 설명할 수 있을까요? 두 본문 모두 베텔의 성소와 그곳에서 이루어지던 제의에 대한 비판으로 볼

다. 그들이 만들고자 한 신은 그들을 이집트의 종살이에서 해방시켜 주신 분, 곧 야훼 하느님이십니다. 이것은 하느님의 어떤 형상도 만들어서는 안 된다는 십계명의 규정을 명백히 위반한 것입니다. 그런데 아론은 이 상 앞에 제단을 쌓고, 백성에게 내일 주님(야훼)을 위한 축제를 지내자고 제안합니다. 다음 날 아침 일찍 백성은 번제물과 친교 제물을 그 제단에다

수 있습니다. 고대 근동의 도상학이나 고고학적 자료를 바탕으로 볼 때, 예로보암이나 아론이 만든 송아지 또는 황소 상은 그 자체로 신을 의미하는 것이 아니라 신의 발판으로 간주되었습니다. 황소가 바알 혹은 하닷 신의 발판이었던 것처럼, 야훼 역시 황소 위에 서 계신 것으로 여겨졌을 수 있습니다. 그리고 북이스라엘의 제의에서 야훼는 '야곱의 황소로 불리기도 하였습니다(창세 49,24; 시편 132,1-2.4-5; 이사 49,26; 60,16: 이 본문들에서 '야곱의 황소'는 가톨릭 공용 《성경》에서 '야곱의 장사'로 번역되었습니다). 따라서 이스라엘 역사의 한 때에는 황소 위에 서 계신 야훼가 합법적인 제의로 여겨졌음을 알 수 있습니다. 그러나 단과 베텔의 성소와 그곳에서 이루어지던 제의는 점차 비판을 받고 불법적인 것으로 여겨지게 되었습니다. 황소 위에 서 계신 야훼는 황소 위에 서 있는 바알의 제의와 차별화되기가 어려웠기 때문이었을 것입니다. 본문에 대한 이런 분석은 현재의 탈출 32장의 맥락을 고려한 해석이기보다, 이 본문이 현재의 맥락에 들어오기 이전 단계의 역사적 정황을 알아내기 위한 역사적 비평 방법의 한 예라고 할 수 있습니다. 우리는 이런 해석 방법을 탈출기의 본문에 적용하지 않기 때문에 이 내용을 참고로 주에 넣었습니다.

바친 후 먹고 마시며 축제를 즐겼습니다.

  하느님께서 보시기에 백성의 이러한 행위는 명백한 계약 위반이었습니다. 하느님은 모세에게 사건 전모를 말씀하시며 산을 내려가라고 재촉하십니다. 그리고 모세에게 '네가 이집트에서 데려온 백성이 타락하였으며, 내가 명령한 길에서 저리도 빨리 벗어났으니, 그들을 없애고, 너를 큰 민족으로 만들겠다'고 말씀하십니다(32,7-10). 그러자 모세는 하느님의 진노를 가라앉히고자 애를 씁니다. 먼저 저 백성이 모세의 백성이 아니라 '주님의' 백성임을 상기시켜 드립니다. 그리고 주님의 명성과 성조들에게 하셨던 땅과 후손에 대한 약속을 생각하여 재앙을 거두어 주시기를 간청합니다. 모세의 중재는 받아들여졌습니다. 백성을 전멸시키기 위해 내리려던 하느님의 재앙은 거두어졌습니다. 하지만 모세의 중재가 모든 문제를 없던 것으로 만들지는 못했습니다. 백성 가운데 자리한 잘못을 제거하지 않고는 하느님과의 관계가 회복될 수 없기 때문입니다.

  하느님께서 직접 새겨 주신 두 개의 증언판을 들고 산 아래로 내려온 모세는 진영 가까이에 이르러 백성이 춤추는 모습과 수송아지 상을 보고, 손에 들었던 돌 판들을 던져 깨 버립니다. 수송아지 상을 만듦으로써 백성은 계약을 위반하였고, 그 결과 계약의 표지인 돌 판은 무의미한 것이 되어 버렸기 때문입니다. 모세는 이 심각한 계약 위반 행위를 바로잡기 위하여 네 가지 조치를 취합니다. 먼저 수송아지 상을 파괴하고, 둘째로 이 모든 일의 책임자인 아론을 문책하며, 셋째로 수송아지 상을 만드는 데 가담한 이들을 처벌하고, 마지막으로 손상된 하느님과의 관계를 회복시키기 위하여 애씁니다.

첫 번째 조치로 모세는 백성이 만든 수송아지를 가져다 불에 태우고, 가루로 빻아 물에 뿌린 후 그 물을 이스라엘 자손들에게 마시게 하였습니다. 이는 우상을 가장 극심하게 모독하는 행위로서, 결국 그 금송아지 상은 인분이 되어 나갈 것입니다. 훗날 예후가 바알 신전을 뒷간으로 만든 것과 같은 조치입니다(2열왕 10,27). 두 번째 조치로 모세는 아론을 문책합니다. 왜 백성을 죄악으로 끌어들였느냐고 묻자 아론은 "백성이 악으로 기울어져"(32,22) 있어서 그들이 원하는 대로 해 주었다고 변명합니다. 아론은 큰 잘못을 범하였지만 하느님의 처벌은 면하였습니다. 그렇지만 그는 이 사건으로 인하여 지도자로서의 오명을 남기고 말았습니다. 백성에 대한 권한을 지닌 지도자라면 그들이 범한 잘못을 자신의 탓으로 돌릴 수 있어야 함에도 불구하고, 아론은 그 책임을 지려 하지 않았습니다. 아론이 백성을 하느님께로 이끄는 대신 오히려 백성의 요구에 끌려다녔기 때문에 백성은 제멋대로 행동한 것입니다(32,25). 이 때문에 모세는 셋째 조치로 주님의 편에 서기로 작정한 레위인들에게 제멋대로 날뛰는 백성을 처벌하게 하였고, 그 결과 삼천 명 정도가 죽게 되었습니다. 모세가 취한 마지막 조치는 하느님과의 관계를 회복하기 위한 것으로, 이튿날 그는 하느님을 뵙기 위하여 다시 산으로 올라갑니다(32,30).[26] 산에 다시 오른 모세는 이스라엘 백성의 계약 위반으로 인하여 손상된 하느님과 백성의 관계를 회복하기 위하여 전심전력합니다(32,20-34,35 참조).

---

[26] 32,30에 의하면 모세는 이튿날 다시 시나이산에 올라가 주님을 뵙는다고 나오지만, 33,7에 의하면 모세는 시나이산으로 올라가지 않고 천막을 챙겨 진영 밖으로 갔다고 나옵니다. 장소 이동의 측면에서 32,20-25은 33,1-6과 자연스럽게 연결되지 못하며, 33,7 이후와는 더더욱 그러합니다. 이처럼 탈출기에서 연결이 자연스럽지 못한 구절들이 한데 결합되어 있는 경우들을 쉽게 발견할 수 있습니다.

이 과정은 다음 여정에서 살펴보기로 하고, 우리는 시나이산 기슭에 마련된 쉼터에서 잠깐 쉬는 시간을 갖겠습니다. 이 쉼터에서는 이스라엘 백성이 만든 금송아지 상과 그 앞에 쌓아 놓은 제단이 보입니다. 이곳에 걸려 있는 거울은 32,1-29 말씀입니다. 그 거울에는 하느님의 부재를 견디지 못하고 자신들이 만들어 낸 신을 섬기는 유혹에 빠진 이스라엘 백성의 모습이 비칩니다. 그 거울에 비친 우리는 지금 어디에 있습니까? 우리도 이스라엘 백성과 함께 금송아지 상을 만들고 있지는 않습니까? 하느님이 아니라 우리가 만든 상 앞에 제사를 바치고 있는 것은 아닙니까?

　우리는 파악하지 못하는 것, 이해하지 못하는 것을 두려워하고 감당하지 못합니다. 그래서 하느님마저도 우리가 파악하고 이해할 수 있는 범주 내에 머물도록 주장하고 고집합니다. 그러나 하느님은 우리가 아직 영적으로 어릴 때에는 기꺼이 우리 수준에 맞추어 당신을 드러내 보이시지만, 우리가 성장함에 따라 당신이 우리를 훨씬 초월하는 신비임을 보여 주고자 하십니다. 그럴 때 우리는 당황하고 어쩔 줄 몰라 하게 됩니다. 하느님이 달라지신 것처럼, 나를 모른 체하시는 것처럼 여겨질 수도 있습니다. 그러나 하느님은 여전히 사랑이심을 신뢰하십시오. 다만 하느님께서 사랑하시는 방법을 달리하시는 것임을 굳게 믿으십시오. 당신의 현존을 내가 느끼든 느끼지 못하든 하느님은 여전히 나와 함께 계심을 믿는, 한 차원 높은 신앙으로 하느님께서 초대하실 때 도망치지 마십시오. 내 마음대로 할 수 있는, 내 뜻대로 움직이는 신(神)을 찾는 영적인 퇴행으로 미끄러지지 않도록 성령의 도우심을 간구하십시오.

눈에 보이고, 만질 수 있고, 느낄 수 있는 무엇인가를 믿는 것은 쉬운 일입니다. 그러나 보이지도 않고 만질 수도 없으며 느낄 수도 없지만, 그럼에도 불구하고 믿을 때 비로소 참된 신앙의 여정이 시작됩니다. 어떤 이들은 신앙의 진리를 이성으로 다 이해하려는 유혹에 빠집니다. 그리고 이성으로 이해되지 않는 것은 틀렸다고 결론을 내리거나 부정하려 듭니다. 그러나 이 세상에 존재하는 것들 가운데는 이성으로는 이해할 수 없지만 감성으로만 이해할 수 있는 것이 있고, 오직 신앙 감각으로만 이해할 수 있는 것도 있습니다. 그래서 안셀무스는 "나는 이해하기 위해서 믿는다"(Credo ut intelligam)고 말하였고, "만약 믿지 않는다면 이해할 수 없으리라"(Nisi credidero, non intelligam)고 하였습니다. 하느님께서 여러분을 한 차원 높은 신앙에로 초대하신다면 용기를 내어 그 초대에 응하십시오. 이 초대에 응한 이들은 정녕 복되다 할 것입니다. 그들은 하느님께서 주시는 더 큰 자유와 기쁨을 맛보게 될 것이기 때문입니다.

24

모세의 빛나는 얼굴

스물네 번째 여정, 우리의 마지막 여정은 모세와 함께 시나이 산을 오르내리는 여정이 될 것입니다. 32,30-34,35을 따라 걷게 될 이 여정 전체는 이스라엘의 계약 위반으로 손상된 하느님과 이스라엘의 관계를 회복하기 위한 모세의 노력과 이에 대한 하느님의 응답을 보여 줍니다. 우리는 이 과정에서 하느님의 놀라운 자비의 속성이 계시되는 것을 목격하게 됩니다. 이 여정의 공간적인 이동을 살펴보면, 모세는 33,7에서 만남의 천막을 챙겨 진영 밖으로 나갑니다. 백성의 죄악으로 진영이 더럽혀졌기 때문에 그곳에 머물 수 없어서 밖으로 나간 것입니다. 모세가 진영에서 멀리 떨어진 곳에 세운 천막에서 주님과 대화를 나눌 때면 구름 기둥이 내려와 천막 어귀에 머물렀습니다. 이렇게 구름 기둥이 내려와 만남의 천막 어귀에 머무르는 것을 보면, 온 백성은 일어나 저마다 자기 천막 어귀에서 하느님을 경배하였다고 합니다. 모세는 하느님의 명령으로 다시 시나이산에 올랐다가(34,4) 새로운 증언판을 받아서 빛나는 얼굴로 산을 내려옵니다(34,29).

우리의 마지막 여정이 모세의 빛나는 얼굴에 대한 성찰로 끝맺는 것은 아주 적절해 보이며 하느님의 섭리인 것 같습니다. 우리가 이 여정에서 살펴보게 될 32,30-34,35 다음에 이어지는 35-40장은, 25-31장에서 살펴보았던 성막과 그 기물에 대한 하느님의 말씀이 어떻게 성취되었는지를 이야기합니다. 성막 성전과 관련된 내용은 앞에서 이미 살펴보았으므로 32,30-34,35만 다루면 탈출기 전체의 묵상이 마무리됩니다. 마지막으로 살펴보게 될 단락은 깊은 영적 의미를 품고 있으므로 우리가 거듭하여 묵상할 필요가 있습니다.

이 중요한 단락의 첫째 부분은 백성을 위해 바치는 모세의 첫 번째 중재 기도입니다(32,30-35). 모세는 주님께 백성을 용서하실 것을 청하며, 그렇지 않을 경우 자신을 주님의 책에서 지워 달라고 말씀드립니다(32,32). 하느님은 오직 죄지은 자만이 책에서 지워진다고 말씀하시며 모세에게 백성을 계속 이끌고 가라고 하십니다. 하지만 징벌의 날에 백성의 죄를 벌하실 것이라고 말씀하십니다. 모세의 첫 번째 중재 기도는 모세가 어떤 지도자인지를 잘 보여 줍니다. 모세는 백성이 저지른 잘못을 자신의 것으로 여길 뿐만 아니라, 백성의 운명을 자신의 운명과 동일시합니다. 33,1-6에서 하느님은 다시 한번 모세에게 백성을 이끌고 약속의 땅을 향한 여정을 계속하라고 명령하십니다. 하지만 주님은 이스라엘 백성을 향한 분노로 인해 도중에 그들을 모두 없애버릴 수도 있기 때문에 함께 올라가지 않겠다고 선언하십니다(33,3.5). 하느님께서 함께 가시지 않겠다는 말씀을 듣고 백성은 슬픔에 빠집니다. 그들은 모든 패물을 벗어 버릴 만큼 통한의 슬픔을 드러냅니다.

모세는 진영 밖에 만남의 천막을 치고 다시 하느님께 기도합니다(33,7-17). 친구와 말하듯 모세와 얼굴을 마주하여 말씀하시는 주님의 호의에 호소하며 간절히 말씀드립니다. "제가 당신 눈에 든다면, 저에게 당신의 길을 가르쳐 주십시오. 그러면 제가 당신을 알고, 더욱 당신 눈에 들 수 있을 것입니다. 이 민족이 당신 백성이라는 것도 생각해 주십시오"(33,13). 그러자 하느님은 함께 가는 것에 동의하십니다. 모세는 두 번째로 간곡하게 백성과 함께해 주시기를 주님께 청합니다. 이에 주님께서는 모세의 간청을 들어주시겠다고 약속하십니다. 여기에서 우리는 모세의 간청과 기도를 눈여겨볼 필요가 있습니다. 하느님은 이스라엘 백성에게 약속의 땅을 주겠다고 말씀하셨고, 모세에게 그들을 데리고 가라고 이르셨습니다. 다만 당신은 함께 가지 않겠다고 하셨습니다. 왜 모세는 하느님의 현존을 간절히 요청한 것일까요? 약속의 땅보다 하느님의 현존이 더 중요한 것일까요? 왜 백성은 하느님께서 같이 가지 않겠다고 하실 때 슬퍼하였을까요? 백성이 꿈꾸는 행복을 주는 것은 약속의 땅일까요? 아니면 하느님이 그들이 바라는 행복의 원천일까요? 모세의 간절한 중재는 하느님이 이스라엘이 누리는 행복의 원천이라는 사실, 역사를 통해 얻은 그 지혜를 담고 있습니다. 우리는 어디에서 우리의 행복을 찾고 있습니까? 하느님입니까? 아니면 다른 곳입니까?

모세의 청원은 여기에서 한 걸음 더 나아갑니다. 그는 하느님께 "당신의 영광을 보여 주십시오"(33,18) 하고 청합니다. 사랑하는 사람이 사랑하는 대상을 속속들이 알고 싶어 하듯 모세는 하느님께 모습을 보여 달라고 청합니다. 모세의 요청은 하느님과의 깊은 일치를 바라는 갈망을 드러냅니다. 이에 대한 하느님의 응답은 거듭 묵상할 필요가 있는 중요한 말씀입니다.

하느님의 응답은 이렇게 요약할 수 있습니다. 첫째, 하느님은 인간에게 선과 사랑을 베풀며, 당신을 계시하는 분이십니다. 둘째, 하느님은 전적으로 자유로운 분이셔서 인간의 조건에 매이지 않습니다. "나는 내가 자비를 베풀려는 이에게 자비를 베풀고, 동정을 베풀려는 이에게 동정을 베푼다"(33,19). 셋째, 인간은 누구도 하느님의 얼굴을 볼 수 없습니다. "내 영광이 지나가는 동안 내가 너를 이 바위 굴에 넣고, 내가 다 지나갈 때까지 너를 내 손바닥으로 덮어 주겠다. 그런 다음 내 손바닥을 거두면, 네가 내 등을 볼 수 있을 것이다. 그러나 내 얼굴은 보이지 않을 것이다"(33,22-23). 인간은 그분을 온전히 알 수 없고, 다만 그분의 영광의 효과, 곧 그분의 선과 은혜와 애정의 결과를 통해서 그분을 알게 될 뿐입니다. 인간은 그분의 등 뒤, 곧 그분이 지나가신 자취를 통하여 그분을 알 수 있을 뿐이지, 미리 그분이 무엇을 할 것인지 알지 못합니다. 하느님의 속성에 대한 이 중요한 말씀은 하느님에 대한 우리의 편협한 이해를 교정하는 중요한 잣대가 됩니다. 이 말씀의 거울 앞에 자주 머물면 머물수록 우리는 하느님을 더 깊이 이해하게 될 것입니다.

모세의 간절한 중재를 통하여 하느님과 이스라엘 백성 사이의 계약 관계는 회복되었습니다. 그리하여 모세는 다시 시나이산에 오릅니다. 하느님께서 계약의 표징인 증언판을 다시 주겠다고 하셨기 때문입니다. 모세가 돌 판 두 개를 깎아 들고 시나이산에 오르는 과정과 그 결과를 전하는 34장은, 하느님과 깊이 만나기를 원하는 이들이 거쳐야 할 여정 전체를 요약하여 보여 주는 아름다운 본문입니다. 여기에서 우리는 피정이 무엇인지, 어떤 자세로 피정에 임해야 하는지, 피정의 결과는 무엇인지를 잘 알 수 있습니다.

먼저 하느님은 모세에게, "내일 아침까지 준비하고 있다가, 아침이 되면 시나이산으로 올라와, 이 산꼭대기에서 나를 기다리고 서 있어라"(34,2) 하고 말씀하십니다. 하느님을 만나기 위해서는 일상의 삶을 떠날 필요가 있습니다. 그분을 만날 수 있는 곳으로 가서 그분을 기다려야 합니다. 그분께서 찾아오실 때까지 인내하며 기다려야 합니다. 그런데 하느님을 만나러 갈 때는 절대적인 고독이 필요합니다. 하느님 이외에 우리의 정신을 분산시킬 수 있는 어떤 것으로부터도 멀어져야 합니다. 그래서 하느님께서도 모세에게 이렇게 명하셨습니다. "아무도 너와 함께 올라와서는 안 된다. 이 산 어디에도 사람이 보여서는 안 되고, 양과 소가 이 산을 마주하고 풀을 뜯게 해서도 안 된다"(34,3). 우리의 모든 근심과 걱정, 일상사를 온전히 주님께 맡겨 두고 우리의 온 정신과 마음과 생각을 하느님께로 집중할 필요가 있습니다.

하느님께서 말씀하신 대로 모세는 홀로 산에 올라 하느님을 기다립니다. 그러자 하느님께서 모세에게 당신을 드러내 보이십니다. 구름에 싸여 내려오셔서 모세와 함께 서시어 당신의 이름을 선포하시고, 당신 자비의 속성을 드러내십니다. "주님은, 주님은 자비하고 너그러운 하느님이다. 분노에 더디고 자애와 진실이 충만하며 천대에 이르기까지 자애를 베풀고 죄악과 악행과 잘못을 용서한다. 그러나 벌하지 않은 채 내버려 두지 않고 조상들의 죄악을 아들 손자들을 거쳐 삼 대 사 대까지 벌한다"(34,6-7). 이 유명한 구절은 구약성경의 저자들에게도 널리 알려져서 시편 103,8-10; 145,8; 요엘 2,13; 요나 4,2; 느헤 9,17에서 그 메아리를 들을 수 있습니다.

그러자 모세는 주님께 무릎을 꿇고 경배드립니다. 이처럼 주님을 뵌 이들의 마음에는 주님을 경외하고 경배하려는 마음이 충만하게 됩니다. 어떤 이들은 이 체험을 통하여 자신의 죄를 통렬하게 뉘우치며 하느님의 자비를 간청하기도 합니다. 모세는 이때 백성의 죄를 용서해 주시기를 청합니다. 비록 백성이 죄를 지었다 하더라도 그들을 용서하여 주시고, 그들과 함께 가 주실 것과 그들을 다시 당신의 소유로 삼아 주실 것을 청합니다. 달리 말하면 본래의 계약 관계를 회복시켜 주실 것을 청합니다.

하느님은 모세의 간청을 들어주시어 다시 계약을 맺겠노라고 하시며 그 계약의 조건을 선포하십니다. 그 조건이 34,11-26에 담겨 있습니다. 그런데 이 대목에 소개되는 십계명은 앞에(20,1-17) 소개된 십계명과 달리 전례와 의식儀式에 관한 내용이 주를 이루기 때문에 '의식 십계명'이라 불립니다. 이어서 하느님은 모세에게 "너는 이 말을 기록하여라. 나는 이 말을 조건으로 너와 이스라엘과 계약을 맺었다"(34,27)고 선언하십니다. 이 말씀에 따라 모세는 그 산에서 사십 일간 식음을 전폐하고 계약의 말씀, 곧 십계명을 판에 기록하였습니다.

모세는 이 두 개의 증언판을 들고 빛나는 얼굴로 시나이산을 내려왔습니다.[27] 모세 얼굴의 빛은 하느님과 함께한 시간의 결과였습니다. 하느님의 말씀으로 인하여 안팎으로 정화된 사람만이 입을 수 있는 빛이었습니다. 이런 일은 모세에게만 국한된 것이 아닙니다. 하느님을 만나는 모든 이에게 열려 있는 체험입니다. 모세는 산에서 내려와 그가 하느님께 들었던 모든 말씀을 백성에게 전해 주었습니다. 그런 후 그는 너울로 자신의 빛나는 얼굴을 가렸습니다. 오직 하느님께 나아갈 때만 너울을 벗었다고 합니다.

이렇게 하여 금송아지 사건으로 야기된 계약 위반 사태는 회복되고, 다시 이스라엘은 계약의 백성으로 그 여정을 계속할 수 있게 되었습니다. 마지막 장인 40장에서 이스라엘 백성

---

[27]_ 34,29의 '모세의 얼굴이 빛났다'는 구절이 예로니모 성인이 번역한 불가타 성경에는 '모세의 얼굴에 뿔이 났다'로 나옵니다. 여기에서 '빛나다'를 의미하는 히브리어 동사는 '카란'인데 이것을 명사로 읽으면 '케렌'이 되고 그 의미는 '뿔'입니다. 예로니모 성인은 모음점이 붙어 있지 않았던 히브리어 수사본을 보고 번역을 하였으므로 당시에 이 동사를 명사로 보고 해석한 것입니다. 로마에 위치한 성 베드로의 사슬 성당에는 미켈란젤로가 조각한 모세의 상이 있습니다. 이 상의 모세의 머리에는 두 개의 뿔이 나 있습니다. 이는 미켈란젤로가 불가타 성경을 읽고 모세의 상을 조각한 까닭이었습니다.

은 하느님께서 보여 주신 모형대로 성막을 세워 봉헌합니다. 주님은 그들이 봉헌한 성막에 당신의 영광을 가득 채워 주심으로써 성막을 당신의 것으로 받아들이십니다. 앞으로 이스라엘 백성은 철저하게 주님의 지시에 따라 여정을 계속할 것입니다. 구름이 성막에서 올라가면 그들은 길을 떠나고, 구름이 올라가지 않으면 구름이 올라가는 날까지 떠나지 않을 것입니다. 그들은 이곳에서 일 년여의 시간을 보낸 후, 둘째 해 둘째 달 스무날에 증언판을 모신 성막에서 구름이 올라갈 때 길을 떠나게 될 것입니다(민수 10,11).

이렇게 하여 우리의 마지막 여정이 마무리되었습니다. 마지막 여정의 쉼터는 여러 곳에 마련하였습니다. 모세가 진영 밖에 천막을 치고 기도하는 곳에 하나, 시나이산에 홀로 올라가 하느님을 대면하던 곳에 하나, 그리고 빛나는 얼굴로 산을 내려오는 모세가 잠시 쉬었을 법한 곳에 하나를 마련해 두었습니다. 여러분이 쉬고 싶은 자리를 자유롭게 선택하십시오. 그리고 그곳에 걸려 있는 거울에 자신을 비추어 보시기 바랍니다.

32,30-35의 거울에는 백성의 잘못과 운명을 온전히 자신의 것으로 받아들이고 용서를 비는 모세의 모습이 있습니다. 33,1-6의 거울에는 약속의 땅을 향한 여정을 계속하라고 명하시지만 당신은 같이 가지 않겠노라는 하느님 말씀에 슬퍼하는 이스라엘 백성의 모습이 보입니다. 33,7-17의 거울에서는 친구에게 이야기하듯 모세와 얼굴을 마주하고 말씀하시는 주님과, 그 주님의 호의에 힘입어 함께 가 주실 것을 호소하는 모세의 모습을 볼 수 있습니다. 33,18-23의 거울은 주님의 영광을 간절히 보고 싶어 하는 모세와 그의 간청을 들어주시되 당신의 뒷모습만을 보여 주시는 하느님의 모습을 드러냅니다. 34장의 거울은 하느님을 만나기 위하여 홀로 고독하게 산에 올라가 하느님을 뵙고, 그분의 모습으로 변모되어 빛나는 얼굴을 지니게 된 모세를 보여 줍니다.

이 모든 말씀의 거울에 우리 자신을 비추어 봅시다. 특히 34장은 우리가 말씀의 거울에 비추어 자신의 내면을 성찰하려는 노력의 목표가 무엇인지를 아주 잘 보여 줍니다. 우리 내면에 자리 잡은 어둠과 그림자는 우리의 얼굴에 그늘을 만들기 마련입니다. 하느님과 함께 머무는 침묵과 고요의 시간, 진지하게 내면을 성찰하고 반성하는 자세, 하느님의 뜻에 맞갖지 않은 내적 움직임들을 하느님의 뜻에 맞게 변화시키려는 한결같은 노력과 원의, 그리고 하느님께서 보여 주신 길에 대한 사랑과 헌신은 그늘을 벗겨 내어 본래의 빛나던 얼굴을 되찾아 줍니다. 이 과정은 한 번에 완성되는 것이 아니라 거듭 반복되어야 합니다. 그래서 우리는 매번 다시 산에 올라야 합니다. 모세가 한 것처럼 산에 다시 올라 하느님과의 계약을 새로 맺어야 합니다. 자비하시고, 너그러우시며, 분노에 더디시고, 자애와 진실이 충만하신 하느님을 거듭 만나야 합니다.

마치는 말

이제 탈출기 전체를 따라온 우리의 긴 여정을 마무리하면서, 마지막으로 여러분 자신의 고유한 '성구갑'을 만들어 보시라고 제안합니다. 이스라엘 백성은 그들이 체험하였던 하느님의 구원 역사를 잊지 않고 기억하기 위하여 다양한 장치를 마련하였습니다. 한 예로, 주님께서 강한 손으로 그들을 이집트 땅에서 이끌어 내신 사건을 기념하기 위하여 이스라엘 백성은 '손에 감은 표징과 이마에 붙인 표지'를 만들었습니다 (13,9.16). 이것을 '성구갑'이라고 부릅니다. 성구갑은 이마에 붙이는 것과 왼팔에 붙이는 것 두 가지인데, 둘 다 가죽으로 싼 작은 네모 상자입니다. 이 상자 안에 네 개의 작은 격자가 들어 있는데, 각 격자 안에 성구갑을 사용할 것을 명하는 오경의 네 가지 말씀, 곧 탈출 13,1-10; 13,11-16, 그리고 신명 6,4-9; 11,13-21 말씀을 아주 작은 양피지에 써서 접은 다음 넣습니다. 그리고 정결한 짐승의 가죽으로 상자를 싸서 이마와 왼팔에 가죽 끈으로 맵니다.

지금도 유다인들은 평일 아침기도를 할 때마다 이 성구갑을 착용합니다. 그리고 성구갑을 착용할 때 특별한 기도문을 바칩니다. 예를 들면, 왼팔에 달 성구갑의 끈을 맬 때 가운데 손가락에 세 번 돌려 감아 반지 같은 세 개의 고리를 만드는데, 이때 호세아서의 다음 말씀을 히브리어로 낭송합니다. "나는 너를 영원히 아내로 삼으리라. 정의와 공정으로써 신의와 자비로써 너를 아내로 삼으리라. 또 진실로써 너를 아내로 삼으리니 그러면 네가 주님을 알게 되리라"(호세 2,21-22). 하느님과의 계약 관계를 혼인에 비유하여 말하는 호세야 예언서의 말씀을 통하여 그들이 하느님과 맺은 계약을 기억하려는 것입니다. 유다인들은 문설주에도 말씀의 상자를 장식하여 붙여 두는데, 이 상자를 '메주자'라 부릅니다. 아름답게 장식한 이 상자 안에 신명 6,4-9; 11,13-21 말씀을 양피지나 송아지 가죽에 적어 넣습니다. 집 안에 들어가고 나올 때마다 마치 문패처럼 문설주에 붙여 놓은 이 말씀 상자에 손을 갖다 대고 짧은 축복 기도문을 바칩니다.

   유다인들과 똑같은 성구갑을 만드는 일은 우리에게 큰 의미가 없습니다. 그보다는 여러분이 탈출기와 함께 걷는 동안 여러분의 마음을 크게 움직였거나 하느님을 더 깊이 체험하게 한 본문들, 혹은 여러분을 변화시킨 본문들을 직접 손으로 적어 여러분만의 상자에 보관하고, 그것을 매일 열어 보실 것을 권합니다. 유다인들처럼 우리도 아침저녁기도를 바칠 때마다 나만의 성구갑을 열어 그 말씀들을 반복해서 접하고, 그 말씀의 거울에 자신을 거듭 비추어 본다면 그 말씀을 통하여 우리의 얼굴도 모세의 얼굴처럼 빛나게 될 것입니다.

끝으로 탈출기와 함께 걸은 긴 여정을 마무리하면서 구상 시인이 쓴 〈출애굽기 별장別章〉이라는 시를 소개합니다. 시인이 노래한 것처럼 멀고 험하지만 더 큰 자유와 사랑에 이르도록 우리를 이끄시는 이 여정에 우리 모두가 항구히 함께할 수 있기를 간절히 바랍니다.

출애굽기 별장別章

각설却說, 이때에 저들도
황금의 송아지를 만들어 섬겼다.

믿음이나 진실, 사랑과 같은
인간살이의 막중한 필수품들은
낡은 지팡이나 헌신짝처럼 버려지고
서로 다투어 사람의 탈만 쓴
짐승들이 되어갔다.

세상은 아론의 무리들이 판을 치고
이에 노예근성이 꼬리를 쳤다.

그 속에도 시나이산에서 내려올
모세를 믿고 기다리는 사람들이
외롭지만 있었다.

자유의 젖과 꿀이 흐르는
가나안!
후유, 멀고 험하기도 하다.

구상, 《홀로와 더불어》, 황금북, 2002, 43쪽.

탈출기와 거울 보기

서울대교구 인가: 2018년 4월 13일
초판 1쇄 펴낸날: 2018년 10월 15일
3쇄 펴낸날: 2024년 2월 29일
지은이: 김영선
펴낸이: 나현오
펴낸곳: 성서와함께
06910 서울특별시 동작구 흑석로13길 7
Tel: (02) 822-0125~7/ Fax: (02) 822-0128
http://www.withbible.com
e-mail: order@withbible.com
등록번호 14-44(1987년 11월 25일)

ⓒ 2018 김영선
성경 ⓒ 한국천주교중앙협의회

ISBN 978-89-7635-334-4 93230

이 책에 실린 내용은 펴낸이의 허가 없이 전재 및 복제할 수 없습니다.